Mathematik für Wirtschaftswissenschaftler

Vorlesungsbegleittext zu
Vorkurs, Lineare Algebra
und Analysis

Von
Privatdozent
Dr. habil. Uwe Jensen

4., durchgesehene Auflage

R. Oldenbourg Verlag München Wien

Bibliografische Information Der Deutschen Bibliothek

Die Deutsche Bibliothek verzeichnet diese Publikation in der Deutschen
Nationalbibliografie; detaillierte bibliografische Daten sind im Internet
über <http://dnb.ddb.de> abrufbar.

© 2006 Oldenbourg Wissenschaftsverlag GmbH
Rosenheimer Straße 145, D-81671 München
Telefon: (089) 45051-0
oldenbourg.de

Gedruckt auf säure- und chlorfreiem Papier
Druck: Meindl-Druck GmbH, Dachau

ISBN   3-486-58089-2
ISBN 978-3-486-58089-1

Vorwort

Die Zahl an Büchern mit dem Titel 'Mathematik für Wirtschaftswissenschaftler' ist erdrückend. Dennoch füllt das vorliegende Buch mit dem gleichen Titel eine Lücke, die nun beschrieben werden soll.

Zunächst einmal ist es weit weniger als ein Lehrbuch, aber deutlich mehr als eine Formelsammlung. Warum sollte dafür ein Bedarf bestehen? – Nun, es kann sehr schwierig sein, zur Vorlesungsbegleitung ein eigenes oder fremdes gutes Lehrbuch zu verwenden. Bei fremden Lehrbüchern ist man oft zeitlich gar nicht in der Lage – wenn man denn dazu bereit ist –, den dort präsentierten Stoff in der gleichen Form angemessen vorzustellen, so daß man dann springen und überspringen muß und das Lehrbuch von den Studenten nicht so recht akzeptiert wird ('Haben Sie kein Skript?'). Und es ergeben sich immer wieder Fragen wie 'Könnten Sie Beispiel 13.3 bitte auch erklären? Oder ist das nicht klausurrelevant?'. Hält man sich aber peinlich an die eigene oder fremde Vorlage, dann kommt der (berechtigte) Vorwurf: 'Der liest ja nur das Buch vor!' Ein gutes Lehrbuch also ist meines Erachtens zum Selbststudium gut geeignet, aber zur Vorlesungsbegleitung problematisch.

Das vorliegende Buch enthält den mathematischen Stoff eines ausführlichen Lehrbuchs zur 'Mathematik für Wirtschaftswissenschaftler', also alle Definitionen, Sätze und Bemerkungen, und dazu mathematische Veranschaulichungen und ökonomische Motivation. Aber es ist zum Selbststudium eines durchschnittlichen Studienanfängers eindeutig NICHT geeignet, denn es fehlen alle Beispiele und alle Graphiken. Dieses Buch enthält also alles, was ein(e) Student(in) aus einem derartigen Kurs mitnehmen sollte, ohne es von der Tafel o.ä. abschreiben zu müssen, und es enthält diejenigen Teile nicht, die er (sie) in der Vorlesung zur Übung mitdenken, mitschreiben und mitzeichnen sollte. Auf diese Weise bieten sich auch dem Dozenten, der dieses Buch als Vorlesungsgrundlage verwendet, einige Freiheitsgrade bei der Wahl der Geschwindigkeit (lieber ein schnelles Beispiel oder doch etwas gründlicher) und auch bei der Würze mit aktuellen Beispielen, vielleicht aus den eigenen Interessensgebieten.

An vielen Universitäten ist die Vorlesungs- und Übungszeit nicht ausreichend, um den Sprung von den teilweise sehr lückenhaften mathematischen Kenntnissen mancher Studienanfänger zu den mathematischen Anforderungen einiger ökonomischer Veranstaltungen späterer Semester vernünftig unterstützen zu können. In Kiel etwa, wo nur zwei zweistündige Pflichtveranstaltungen mit Klausuren (Analysis und Lineare Algebra) zur Verfügung stehen, hat man zur Abhilfe noch einen freiwilligen Vorkurs geschaffen. Damit aber alle Kurse in einem Semester gehört werden können, wird der Vorkurs in der ersten Semesterhälfte vierstündig, die Analysis in der zweiten Semesterhälfte vierstündig und die lineare Algebra zweistündig ganzsemestrig unterrichtet.

Daher ist die Stoffaufteilung im vorliegenden Buch auch etwas anders als üblich: Es wird nicht die gesamte Analysis für Funktionen einer Variablen vor der für Funktionen mehrerer Variablen behandelt. Der Vorkurs besteht aus den vorbereitenden Konzepten (Grundlagen, Funktionen einer Variablen, elementare Funktionenklassen, Folgen und Reihen, Grenzwerte, Stetigkeit und Einführung der Differentialrechnung), während viele ökonomisch bedeutende Bereiche wie die Optimierung für Funktionen einer und mehrerer Variablen in der Analysis behandelt werden. Das Ziel ist also, möglichst viel wichtigen Stoff klausurrelevant werden zu lassen, ohne den didaktischen Faden zu verlieren. Vielleicht ist die gewählte Aufteilung für andere Dozenten mit ähnlichem Zeitbudget von Interesse.

Das vorliegende Buch bemüht sich, auch wenn die Beispiele und Graphiken fehlen, sehr um Anschaulichkeit. Man kann nicht mathematische Konzepte einführen, ohne zu sagen, wofür sie gebraucht werden. Und man kann sie nicht erklären, ohne zu sagen, welche einfache Idee dahintersteckt. So werden etwa Eigenwerte in der linearen Algebra oft 'als eine Formel mit gewissen Anwendungen' eingeführt. Es macht aber auf beiden Seiten des Podiums keine Schwierigkeiten, sich diese Eigenwerte mit Hilfe von Streckungen und Stauchungen sehr anschaulich vorzustellen. Auf derartige 'unübliche' Erläuterungen wird in diesem Buch großer Wert gelegt, da ohne diese Anschauung etwa Eigenwerte m.E. nicht richtig verstanden werden können. Das heißt aber nicht, daß die Definitionen und Sätze selbst aufgeweicht werden. Diese bleiben exakt, aber werden dann (hoffentlich) vorstellbar gemacht. Und, wie schon erwähnt, kann die Anschauung erst mit Graphiken zur vollen Entfaltung kommen, die es in der Vorlesung und nicht in diesem Text zu sehen gibt.

Die Vorkenntnisse der Studienanfänger sind <u>sehr</u> ungleich. Da sitzen Zuhörer, die fast jeden Fehler bemerken, neben anderen, die schon bei der Wiederholung der Potenzregeln nervös werden. In Klausuren fallen fast genau die Leute durch, die starke Defizite aus der Schulzeit mitbringen und nicht im Studium anfangen, daran massiv zu arbeiten. Deswegen fängt dieses Buch mit den Grundlagen an, und es wird auch an vielen Stellen auf typische Anfängerfehler hingewiesen. Fehlendes Verständnis neuen mathematischen Stoffs hat oft seine Ursache in ganz banalen Lücken aus der Schulzeit. Antworten auf ständig auftretende Fragen werden ebenso erwähnt wie Hinweise auf korrekte Interpretationen. Dennoch bewegt sich der Text insgesamt auf – für Wirtschaftswissenschaftler – hohem formalen Niveau, weil ein reiner 'Rechenkurs' m.E. die Studienanfänger nicht angemessen auf die nächsten Semester vorbereiten würde.

Der Inhalt dieses Buchs schließlich ist im wesentlichen der Standardstoff eines ausführlichen Kurses zur Mathematik für Wirtschaftswissenschaftler, der in sechs Semesterwochenstunden zu bewältigen ist. Wie schon erwähnt, wird mehr als üblich zur Anschauung linearer Abbildungen erzählt, die dann bei der Einführung von Determinanten und Eigenwerten ausgenutzt wird. Mancher wird schließlich die lineare Programmierung – wird in Kiel im Rahmen des Operations Research gelesen – und die Differenzen- und Differentialgleichungen vermissen. Letzteren kann man bei sechs Semesterwochenstunden nicht gerecht werden.

Ich bedanke mich bei Prof. Dr. Dieter Betten, der mir gezeigt hat, daß Mathematik und Anschauung zusammengehören. Prof. Dr. Gerd Hansen danke ich dafür, daß er meinen Blick für das Einfache und für die Anwendung geschärft hat. Mein Dank gilt meinen Vorgängern Prof. Dr. Ingo Klein und Söhnke Frank für ihre Vorleistungen und meinen ehemaligen Tutoren Claudia Wörpel und Carsten Thomsen-Bendixen für ihre Startanregungen. Meinen ehemaligen Kollegen Dr. Günter Coenen und Dr. Norbert Janz danke ich sehr herzlich für die gründliche Durchsicht großer Teile des Skripts. Meinem ehemaligen Tutor Kai Carstensen gebührt schließlich Dank für die kritische Endkontrolle des gesamten Textes. Dem Oldenbourg-Verlag, insbesondere Herrn Diplom-Volkswirt Martin

M. Weigert, danke ich für die reibungslose Aufnahme des Buchs.

Alle verbliebenen Fehler gehen natürlich auf mein Konto. Und da dieses Konto sicher nicht leer ist, bin ich für weitere Hinweise auf Fehler und mögliche Verbesserungen sehr dankbar.

Inhaltsverzeichnis

Teil I

Vorkurs

Kapitel 1

Grundlagen

Bemerkung 1.1 *Wenn Sie zu den Leuten gehören, die <u>nicht</u> wissen,*

1. *warum die Schreibweise $3 \cdot -4$ Unsinn ist,*

2. *daß für $y \neq 0$ gilt: $-y^2 \neq (-y)^2$,*

3. *daß für $n \neq 1$ ebenso gilt: $n1^n = n \cdot 1^n \neq n^n$*

4. *wieso i.a. $a + bc^d \neq (a+b)c^d \neq (a+bc)^d$ ist,*

5. *daß i.a. $\sqrt{x^2 - y^2} \neq \sqrt{x^2} - \sqrt{y^2}$ und $\sqrt{x+y} \neq x + 2\sqrt{xy} + y$ ist,*

6. *daß für $c \neq 0$ zwar $\frac{a+b}{c} = \frac{a}{c} + \frac{b}{c}$ gilt, aber für e, $f \neq 0$ und $e + f \neq 0$ i.a. gilt:*

$$\frac{d}{e+f} \neq \frac{d}{e} + \frac{d}{f}$$

7. *daß mit b, $d \neq 0$ i.a. $\frac{ab+c}{bd} \neq \frac{a+c}{d}$ ist,*

8. *daß mit x, a, $b \neq 0$ i.a. $\frac{1}{x} = a + b$ nicht äquivalent zu $x = \frac{1}{a} + \frac{1}{b}$ ist,*

9. *daß für $x \in \mathbf{R}$*

$$x^2 + x = 0 \iff x + 1 = 0$$

   eine folgenschwere Ungenauigkeit enthält,

10. *und daß mit $c \neq 0$*

$$-\left(\frac{a+b}{c}\right) = -\frac{a+b}{c} = \frac{-(a+b)}{c} = \frac{-a-b}{c} = \frac{a+b}{-c} \neq \frac{-a+b}{c}$$

   zu beachten ist,

*dann fehlt es Ihnen an Vor-Vorkurs-Stoff, den Sie unbedingt <u>sofort</u> mit [1], [2] (siehe Literaturverzeichnis) oder auch eigenen Schulbüchern wiederholen müssen, da er in Vorkurs, Analysis und Linearer Algebra vorausgesetzt wird. Die Gebiete, die in diesem einführenden Kapitel nicht noch extra behandelt werden, sind die **Klammerrechnung**, die **Bruchrechnung**, die **Wurzelrechnung**, die **Behandlung von Gleichungen** und die **Verknüpfungshierarchie**.*

1.1 Das griechische Alphabet

Um den großen Bedarf an Symbolen für ökonomische bzw. mathematische Begriffe zu decken, benutzt man gerne auch das griechische Alphabet, das daher hier abgedruckt wird. Die angegebenen deutschen 'Namen' decken sich oft nicht mit der korrekten griechischen Aussprache.

Name	klein	groß	Name	klein	groß
Alpha	α	A	Beta	β	B
Gamma	γ	Γ	Delta	δ	Δ
Epsilon	ϵ, ε	E	Zeta	ζ	Z
Eta	η	H	Theta	θ, ϑ	Θ
Iota	ι	I	Kappa	κ	K
Lambda	λ	Λ	My	μ	M
Ny	ν	N	Xi	ξ	Ξ
Omikron	o	O	Pi	π	Π
Rho	ρ, ϱ	P	Sigma	σ, ς	Σ
Tau	τ	T	Ypsilon	υ	Υ
Phi	ϕ, φ	Φ	Chi	χ	X
Psi	ψ	Ψ	Omega	ω	Ω

1.2 Aussagenlogik

Hier werden nur die Begriffe und Schreibweisen aus der Logik vorgestellt, die im folgenden Verwendung finden.

Definition 1.1 (Aussagen) *Eine* **Aussage** *A ist ein Satz, der entweder* **wahr** *oder* **falsch** *ist.*

Definition 1.2 (Logische Verknüpfungen)   *1. Die* **Negation** *der Aussage A ist wahr, wenn A falsch ist. Schreibweise: $\neg A$. Leseweise: '* **Nicht** *A'.*

   2. Die **Konjunktion** *der Aussagen A und B ist wahr, wenn sowohl A als auch B wahr ist. Schreibweise: $A \wedge B$. Leseweise: 'A* **und** *B'.*

   3. Die **Disjunktion** *der Aussagen A und B ist wahr, wenn mindestens eine der beiden Aussagen wahr ist. Schreibweise: $A \vee B$. Leseweise: 'A* **oder** *B'.*

Die in der vorangehenden Definition eingeführten Schreibweisen treten nur gelegentlich auf, während die nun folgenden Symbole ständig benötigt werden.

Definition 1.3 (Logische Folgerungen)   *1. Die* **Implikation** *der Aussagen A und B ist falsch, wenn A wahr und B falsch ist. In allen anderen Fällen ist sie wahr. Schreibweise: $A \Rightarrow B$. Leseweise: Aus A* **folgt** *B. A heißt dann* **hinreichende Bedingung** *für B und B* **notwendige Bedingung** *für A.*

   2. Gilt $A \Rightarrow B$ und $B \Rightarrow A$, so heißen A und B **äquivalent.** *Schreibweise: $A \Leftrightarrow B$. Leseweise: A gilt* **genau dann, wenn** *B gilt.*

Bemerkung 1.2 *Die gelegentlich in Klausurlösungen anzutreffende Schreibweise 'x ⇒ 2 ⇒ x² ⇒ 4' ist natürlich Unsinn, da zwischen den Folgerungspfeilen keine Aussagen stehen.*

Die folgende Definition führt zwei Symbole ein, die es gestatten, häufig in Definitionen und Sätzen auftretende Formulierungen abzukürzen.

Definition 1.4 (Quantoren) *1. Der* **Allquantor** $\forall$ *in einer Aussage bedeutet* '**für alle**'.

  2. Der **Existenzquantor** $\exists$ *in einer Aussage bedeutet* '**es existiert mindestens ein**'.

Definition 1.5 *1.* '$:=$' *bedeutet* '**ist per Definition gleich**'.

  2. '$:\Leftrightarrow$' *bedeutet* '**gilt per Definition genau dann, wenn**'.

1.3 Mengenlehre

Die folgenden Begriffe aus der Mengenlehre erleichtern es, komplizierte ökonomisch-mathematische Sachverhalte einfach darzustellen.

Definition 1.6 (Mengen) *1. Eine Zusammenfassung X wohlunterscheidbarer Objekte zu einem Ganzen heißt* **Menge**. *Die Objekte heißen* **Elemente** *der Menge. Schreibweisen:*

- $X = \{x_1, x_2, x_3\}$ *für den seltenen Fall endlicher Mengen mit wenigen Elementen sowie*

- $X = \{x \mid x$ *hat die Eigenschaft $E\}$, weitaus wichtiger, gelesen als 'die Menge aller x, für die gilt: x hat die Eigenschaft E'.*

Ist x ' **Element der Menge** X*', so schreibt man: $x \in X$. Ist x nicht in der Menge X enthalten, so schreibt man: $x \notin X$.*

  2. Die Menge, die kein Element enthält, heißt **leere Menge**. *Schreibweise: $\emptyset$.*

Bemerkung 1.3 *Wie in der vorangehenden Definition bei $\notin$ kann man das Gegenteil vieler Begriffe der Aussagenlogik und der Mengenlehre durch einfaches Durchstreichen des zugehörigen Symbols notieren.*

Definition 1.7 (Mengenbeziehungen) *1. Zwei Mengen X und Y heißen* **gleich**, *wenn jedes Element aus X auch Element aus Y ist und umgekehrt. Schreibweise: $X = Y$.*

  2. Ist jedes Element der Menge X auch in der Menge Y enthalten, so heißt X **Teilmenge** *von Y. Schreibweise: $X \subseteq Y$. Dabei ist die Gleichheit von X und Y zugelassen.*

  3. Hat Y hingegen mindestens ein Element mehr als X, so nennt man X **echte Teilmenge** *von Y und schreibt: $X \subset Y$.*

Definition 1.8 (Mengenoperationen)   *1. Die* **Vereinigung** *der Mengen X und Y
ist die Menge aller Elemente, die in X oder in Y oder in beiden Mengen enthalten
sind.*

Schreibweise: $X \cup Y := \{z \,|\, z \in X \vee z \in Y\}$

2. *Der* **Durchschnitt** *der Mengen X und Y ist die Menge aller Elemente, die sowohl
in X als auch in Y enthalten sind.*

Schreibweise: $X \cap Y := \{z \,|\, z \in X \wedge z \in Y\}$

3. *Zwei Mengen X und Y mit* $X \cap Y = \emptyset$ *heißen* **disjunkt**.

4. *Die Mengen* $X_1, \ldots, X_n$ *bilden eine* **Partition** *der Menge Y, wenn* $X_1, \ldots, X_n$ *paarweise disjunkt sind und* $X_1 \cup X_2 \cup \ldots \cup X_n = Y$ *gilt.*

5. *Die* **Differenz** *zweier Mengen X und Y ist die Menge aller Elemente von X, die
nicht in Y enthalten sind.*

Schreibweise: $X \setminus Y := \{x \,|\, x \in X \wedge x \notin Y\}$

6. *Das* **kartesische Produkt** *zweier Mengen X und Y ist die Menge aller* **Paare**
(x, y) *mit* $x \in X$ *und* $y \in Y$.

Schreibweise: $X \times Y := \{(x, y) \,|\, x \in X \wedge y \in Y\}$

Verallgemeinerung: Das kartesische Produkt der n Mengen $X_1, X_2, \ldots, X_n$ *ist die
Menge aller* **n-Tupel** $(x_1, x_2, \ldots, x_n)$ *mit* $x_i \in X_i$ *für* $i = 1, 2, \ldots, n$.

Schreibweise: $X_1 \times X_2 \times \ldots \times X_n := \{(x_1, x_2, \ldots, x_n) \,|\, x_i \in X_i$ *für* $i = 1, 2, \ldots, n\}$

Das kartesische Produkt spielt eine wichtige Rolle bei der Definition von mehrdimensio-
nalen Zahlbereichen im nächsten Abschnitt.

1.4   Zahlbereiche

Nun können die bekannten Zahlbereiche definiert werden.

Definition 1.9 (Eindimensionale Zahlbereiche)   *1.* $\mathbf{N} := \{1, 2, 3, 4, \ldots\}$ *ist die
Menge der* **natürlichen Zahlen**.

2. $\mathbf{N}_0 := \mathbf{N} \cup \{0\}$

3. $\mathbf{Z} := \{\ldots, -3, -2, -1, 0, 1, 2, 3, \ldots\}$ *ist die Menge der* **ganzen Zahlen**.

4. $\mathbf{Q} := \{\frac{x}{y} \,|\, x \in \mathbf{Z} \wedge y \in \mathbf{N}\}$ *ist die Menge der* **rationalen Zahlen**, *die Menge aller
endlichen oder unendlich-periodischen Dezimalzahlen.*

5. *Die Menge* $\mathbf{R}$ *der* **reellen Zahlen** *ist die Menge <u>aller</u> Dezimalzahlen.*

6. $\mathbf{R} \setminus \mathbf{Q}$ *heißt Menge der* **irrationalen Zahlen**.

Bemerkung 1.4 *Die Mengen* **N**, **N$_0$** *und* **Z** *werden nur zur Indizierung verwendet.* **Q** *ist zur Indizierung zu groß, aber es fehlen dennoch einige in vielen Rechnungen sehr wichtige Zahlen (siehe z.B. Abschnitt 3.3 oder 3.4). Erst in der Menge* **R** *kann wie gewohnt gerechnet werden.*

Die Lösungen vieler Nullstellenprobleme – siehe Abschnitt 3.1 – liegen teilweise nicht in der Menge der reellen Zahlen, sondern in der nun kurz angesprochenen Menge der komplexen Zahlen.

Definition 1.10 *Für a, b ∈* **R** *heißt z := a + ib eine* **komplexe Zahl** *mit dem* **Realteil** *a = Re(z), dem* **Imaginärteil** *b = Im(z) und der* **imaginären Einheit** *i := $\sqrt{-1}$.*
$\bar{z} = a - ib$ nennt man die zu z **konjugiert komplexe Zahl.**
C *bezeichnet die Menge der komplexen Zahlen.*

Bemerkung 1.5   *1. $b = 0 \Rightarrow z = \bar{z} = a \in$* **R.**

2. *Die Gleichung $x^2 + 1 = 0$ besitzt keine reellen Lösungen, aber die beiden komplexen Lösungen $x_{1,2} = \pm i$.*

3. *Es wird im folgenden nur die Kenntnis der Existenz der Menge* **C** *benötigt. Es werden keine Rechnungen in* **C** *durchzuführen sein.*

4. *Es gilt:* **N** ⊂ **N$_0$** ⊂ **Z** ⊂ **Q** ⊂ **R** ⊂ **C**

Definition 1.11 (Mehrdimensionale Zahlbereiche)   *1. Die* **reelle Zahlenebene** *ist das kartesische Produkt* **R^2** *:=* **R** × **R** *= {(x, y) | x, y ∈* **R**}. *Die Elemente heißen* **Paare.**

2. **R^3** *:=* **R** × **R** × **R** *= {(x, y, z) | x, y, z ∈* **R**} *heißt* **reeller dreidimensionaler Raum.** *Die Elemente heißen* **Tripel.**

3. **R^n** *:= {($x_1, x_2, \ldots, x_n$) | $x_i \in$* **R** *für i = 1, 2, \ldots, n*} *heißt* **reeller n-dimensionaler Raum.** *Die Elemente heißen* **n-Tupel.**

Der **R^2** wird im wesentlichen das Thema des Vorkurses sein, während sich Analysis und lineare Algebra auch mit dem **R^n** für $n \geq 3$ beschäftigen werden.

1.5 Ungleichungen

Ungleichungen werden nur am Rande von Bedeutung sein, etwa in Abschnitt 10.8. Zu beachten ist dabei der letzte Punkt des folgenden Satzes.

Definition 1.12 *Seien a, b ∈* **R.**

1. *a < b bedeutet 'a ist (echt)* **kleiner** *als b' und ist äquivalent zu b > a.*

2. *a ≤ b bedeutet 'a ist* **kleiner (oder) gleich** *b' und ist äquivalent zu b ≥ a.*

Satz 1.1 (Regeln) *Seien a, b, c, d, e ∈* **R.**

1. $a < b \Rightarrow a + c < b + c$

2. $a < b \wedge d > 0 \Rightarrow ad < bd$

3. $a < b \wedge e < 0 \Rightarrow ae > be$

Bemerkung 1.6 *Analoge Aussagen gelten für $a \leq b$.*

1.6   Intervalle

Zusammenhängende Teilmengen der reellen Zahlen heißen Intervalle und werden oft, etwa bei der Definition ökonomischer Funktionen – siehe das nächste Kapitel –, anzutreffen sein.

Definition 1.13 *Seien $a, b, x \in \mathbf{R}$.*

1. **Abgeschlossenes Intervall:** $[a, b] := \{x \mid a \leq x \leq b\}$

2. **Offenes Intervall:** $(a, b) := \{x \mid a < x < b\}$

3. **Halboffene Intervalle:** $\begin{cases} [a, b) &:= \{x \mid a \leq x < b\} \\ (a, b] &:= \{x \mid a < x \leq b\} \end{cases}$

Bemerkung 1.7 *Für offene Intervalle findet man in manchen Büchern auch die Schreibweise $]a, b[$.*

Definition 1.14 (Uneigentliche Intervalle) *Seien $a, b, x \in \mathbf{R}$. Mit ∞ als Symbol für 'Unendlich' definiert man:*

1. $(a, \infty) := \{x \mid x > a\}$

2. $[a, \infty) := \{x \mid x \geq a\}$

3. $(-\infty, b) := \{x \mid x < b\}$

4. $(-\infty, b] := \{x \mid x \leq b\}$

Bemerkung 1.8 *Beachte: $\infty \notin \mathbf{R}$*

Da ökonomische Variablen oft nur positive Werte annehmen, sind die folgenden Kurzschreibweisen sehr nützlich.

Definition 1.15   1. $\mathbf{R}_+ := [0, \infty)$

2. $\mathbf{R}_+^2 := \{(x, y) \mid x, y \in \mathbf{R}_+\}$

3. $(0, \infty)^2 := \{(x, y) \mid x, y \in (0, \infty)\}$

1.7 Potenzrechnung

Zur Wiederholung folgen nun die aus der Schule bekannten Aussagen zur Potenzrechnung, die sicher beherrscht werden müssen.

Definition 1.16 *Sei* $x \in \mathbf{R}$ *und* $n \in \mathbf{N}$. *Dann heißt*

$$x^n := \underbrace{x \cdot x \cdot \ldots \cdot x}_{n-\text{mal}}$$

Potenz, *gelesen als* '**x hoch n**'. x *heißt* **Basis**, n **Exponent**. *Man definiert* $x^0 := 1$.

Bemerkung 1.9 *Die zunächst seltsam aussehende Definition* $x^0 := 1$ *erweist sich an vielen Stellen als sinnvoll, etwa beim Kürzen in Brüchen oder bei der Definition der Exponentialfunktion in Abschnitt 3.3.*

Satz 1.2 (Potenzregeln) *Seien* $x, y \in \mathbf{R}$, $m, n \in \mathbf{N}$.

1. $x^m \cdot x^n = x^{m+n}$

2. $\frac{x^m}{x^n} = x^{m-n}$, *falls* $x \neq 0$

3. $(xy)^n = x^n y^n$

4. $\left(\frac{x}{y}\right)^n = \frac{x^n}{y^n}$, *falls* $y \neq 0$

5. $(x^m)^n = x^{m \cdot n}$

6. $x^{-n} = \frac{1}{x^n}$, *falls* $x \neq 0$

7. $x^{1/n} = \sqrt[n]{x}$, *falls* $x \geq 0$

8. $x^{m/n} = \sqrt[n]{x^m} = \left(\sqrt[n]{x}\right)^m$, *falls* $x \geq 0$

Bemerkung 1.10 *Man beachte:*

$$x^{m \cdot m \cdot \ldots \cdot m} = x^{(m^n)} = x^{m^n} \neq (x^m)^n = x^m \cdot x^m \cdot \ldots \cdot x^m = x^{m \cdot n} = x^{m+m+\ldots+m}$$

1.8 Summenzeichen

Es spart in vielen Fällen in beträchtlichem Umfang Zeit und Platz, für 'ähnliche' ökonomische Größen indizierte Symbole zu verwenden. Für diese gibt es dann die folgende einfache Summenschreibweise.

Definition 1.17 *Seien* $k, m \in \mathbf{Z}$ *mit* $k \leq m$. *Seien* $a_i \in \mathbf{R}$ *für* $i = k, k+1, \ldots, m$. *Dann dient das* **Summenzeichen** $\sum$ *zur Kurzschreibweise von Summen:*

$$\sum_{i=k}^{m} a_i := a_k + a_{k+1} + \ldots + a_m$$

Dabei heißt i **Summationsindex**, k **Untergrenze** *und* m **Obergrenze**.

Der folgende Satz überträgt einfache Rechenoperationen wie Ausklammern und Umsortieren auf die Summenschreibweise.

Satz 1.3 (Rechenregeln) *Seien $k, m \in \mathbf{Z}$ und $a_i, b_i, c \in \mathbf{R}$ für $i = k, k+1, \ldots, m$.*

1. $\sum_{i=k}^{m} c = (m - k + 1)c$

2. $\sum_{i=k}^{m} ca_i = c\sum_{i=k}^{m} a_i$

3. $\sum_{i=k}^{m}(a_i + b_i) = \sum_{i=k}^{m} a_i + \sum_{i=k}^{m} b_i$

Man bildet schließlich Doppelsummen, indem man die Koeffizienten a_{ij} für alle vereinbarten Paare (i, j) aufsummiert:

Definition 1.18 (Doppelsummen) *Seien $k, l, m, n \in \mathbf{Z}$ mit $k \leq m$ und $l \leq n$. Seien $a_{ij} \in \mathbf{R}$ für $i = k, k+1, \ldots, m$ und $j = l, l+1, \ldots, n$. Dann ist*

$$\sum_{i=k}^{m}\sum_{j=l}^{n} a_{ij} = \sum_{j=l}^{n}\sum_{i=k}^{m} a_{ij} := \sum_{j=l}^{n} a_{kj} + \sum_{j=l}^{n} a_{k+1,j} + \ldots + \sum_{j=l}^{n} a_{mj}$$

1.9   Produktzeichen

Analog zum Summenzeichen definiert man das Produktzeichen, das aber weit seltener anzutreffen ist.

Definition 1.19 *Seien $k, m \in \mathbf{Z}$ mit $k \leq m$. Seien $a_i \in \mathbf{R}$ für $i = k, k+1, \ldots, m$. Dann dient das* **Produktzeichen** Π *zur Kurzschreibweise von Produkten:*

$$\Pi_{i=k}^{m} a_i := a_k \cdot a_{k+1} \cdot \ldots \cdot a_m$$

Dabei heißt i **Multiplikationsindex**, k **Untergrenze** *und m* **Obergrenze**.

Satz 1.4 (Rechenregeln) *Seien $k, m \in \mathbf{Z}$ und $a_i, b_i, c \in \mathbf{R}$ für $i = k, k+1, \ldots, m$.*

1. $\Pi_{i=k}^{m} c = c^{m-k+1}$

2. $\Pi_{i=k}^{m} ca_i = c^{m-k+1}\Pi_{i=k}^{m} a_i$

3. $\Pi_{i=k}^{m}(a_i \cdot b_i) = \Pi_{i=k}^{m} a_i \cdot \Pi_{i=k}^{m} b_i$

1.10   Binomischer Satz

Fakultäten und Binomialkoeffizienten sind etwa in der Wahrscheinlichkeitsrechnung von großer Bedeutung, aber sie sind auch Bestandteil des binomischen Lehrsatzes (s.u.), der oft nur im Spezialfall $n = 2$ bekannt ist.

Definition 1.20 *Sei $n \in \mathbf{N}$. Dann ist $n! := 1 \cdot 2 \cdot \ldots \cdot (n-1) \cdot n = \Pi_{i=1}^{n} i$, gelesen als 'n* **Fakultät**'. *Man definiert $0! := 1$.*

Definition 1.21 *Seien* $n, j \in \mathbf{N}_0$. *Der* **Binomialkoeffizient**, *gelesen als 'n über j',*
lautet:

$$\binom{n}{j} := \left\{ \begin{array}{ll} \frac{n!}{j!(n-j)!} & \textit{falls } n \geq j \\ 0 & \textit{sonst} \end{array} \right.$$

Bemerkung 1.11   *1. Das Wort 'Binomialkoeffizient' leitet sich von 'Binom' (s.u.) ab,*
nicht etwa von 'nominal' (mit fehlerhaften Folgen).

  2. Der folgende Satz nennt die Rechenregeln für Binomialkoeffizienten, die die Kon-
  struktion des Pascal'schen Dreiecks gestatten, das wiederum eine ganz einfache An-
  wendung des binomischen Satzes ermöglicht.

Satz 1.5 (Eigenschaften) *Seien* $n, j \in \mathbf{N}_0$.

  1. $\binom{n}{j} \in \mathbf{N}_0$

  2. $\binom{n}{j} = \binom{n}{n-j}$

  3. $\binom{n}{0} = \binom{n}{n} = 1$

  4. $\binom{n}{1} = \binom{n}{n-1} = n$

  5. $\binom{n}{j} + \binom{n}{j+1} = \binom{n+1}{j+1}$

Satz 1.6 *Im* **Pascalschen Dreieck**, *hier für* $n = 0, 1, \ldots, 4$,

$\binom{0}{0}$					1				
$\binom{1}{0}$	$\binom{1}{1}$					1	1		
$\binom{2}{0}$	$\binom{2}{1}$	$\binom{2}{2}$				1	2	1	
$\binom{3}{0}$	$\binom{3}{1}$	$\binom{3}{2}$	$\binom{3}{3}$		1	3	3	1	
$\binom{4}{0}$	$\binom{4}{1}$	$\binom{4}{2}$	$\binom{4}{3}$	$\binom{4}{4}$	1	4	6	4	1

sind die Binomialkoeffizienten $\binom{n}{j}$ *zeilenweise für* $j = 0, 1, \ldots, n$ *abgetragen. Dabei ist jede*
Zahl im Innern des symmetrischen (Satz 1.5.2) Dreiecks einfach die Summe der beiden
schräg über ihr stehenden (Satz 1.5.5) und der Rand besteht nur aus Einsen (Satz 1.5.3).

Satz 1.7 (Binomischer Satz) *Seien* $a, b \in \mathbf{R}$ *und* $n \in \mathbf{N}_0$. *Dann gilt:*

$$(a + b)^n = \sum_{j=0}^{n} \binom{n}{j} a^j b^{n-j}$$

Bemerkung 1.12   *1.* $(a + b)^n$ *wird* **Binom** *genannt.*

  2. Man erhält demnach etwa

  - *für* $n = 2$: $(a + b)^2 = a^2 + 2ab + b^2$
  - *für* $n = 3$: $(a + b)^3 = a^3 + 3a^2b + 3ab^2 + b^3$

  3. Beachte, daß a und b auch negativ sein dürfen.

  4. Beachte, daß der Satz nur für $n \in \mathbf{N}_0$ *gilt!*

Kapitel 2

Funktionen einer Variablen

2.1 Funktionsbegriff

In diesem Abschnitt wird mit der Funktion ein fundamentaler Baustein aller ökonomischen Modelle vorgestellt, der es gestattet, Abhängigkeiten ökonomischer Variablen voneinander zu beschreiben.

Definition 2.1   *1. Eine Größe, die unterschiedliche Werte annehmen kann, heißt* **Variable**.

2. Eine Größe, die nur einen Wert annehmen kann, heißt **Konstante**.

Definition 2.2 *Seien X und Y zwei Mengen.*

1. *Jede Teilmenge des kartesischen Produkts $X \times Y$ heißt* **Relation** *zwischen X und Y.*

2. *Eine Relation f zwischen X und Y heißt* **Funktion** *oder* **Abbildung**, *wenn durch f jedem $x \in X$ höchstens ein $y \in Y$ zugeordnet wird. Eigenschaft 1 bezeichnet man*

   als **Links-Vollständigkeit**, *2 als* **Rechts-Eindeutigkeit** *von f.*

   Schreibweise: $f : X \to Y$, $y = f(x)$.

   $D_f = \{x \in X \mid \exists\, y \in Y \text{ mit } y = f(x)\}$ wird als **Definitionsbereich** *bezeichnet, die Elemente $x \in D_f$ als* **Urbilder** *oder* **Argumente**.

   $W_f = \{y \in Y \mid \exists\, x \in X \text{ mit } y = f(x)\}$ wird als **Wertebereich** *bezeichnet, die Elemente $y \in W_f$ als* **Bilder** *oder* **Funktionswerte**.

3. *Eine Funktion f zwischen X und Y heißt* **surjektiv**, *falls $Y = W_f$ ist, falls sie also auch* **rechts-vollständig** *ist.*

4. *Eine Funktion f zwischen X und Y heißt* **injektiv** *oder* **eineindeutig**, *wenn zu jedem $y \in Y$ höchstens ein Urbild $x \in X$ existiert, falls sie also auch* **links-eindeutig** *ist.*

5. *Eine Funktion f zwischen X und Y heißt* **bijektiv**, *falls f injektiv und surjektiv ist.*

6. *Eine Funktion heißt* **reell**, *falls* $X \subseteq \mathbf{R}$ *und* $Y \subseteq \mathbf{R}$.

Bemerkung 2.1 *Da im folgenden nur noch reelle Funktionen betrachtet werden, wird diese Eigenschaft nicht mehr erwähnt. Die folgende Definition nennt ein erstes (reelles) Funktionsbeispiel und ihre Verallgemeinerung, die wiederum Spezialfall der Polynome in Abschnitt 3.1 ist.*

Definition 2.3   *1. $f : \mathbf{R} \to \mathbf{R}$, $f(x) = x^2$ nennt man* **quadratische Funktion** *und ihren Graphen* **Normalparabel**.

   2. Sei $k \in \mathbf{N}$. $f : \mathbf{R} \to \mathbf{R}$, $f(x) = x^k$ heißt **Potenzfunktion**.

Definition 2.4 (Funktionsdarstellungen) *Sei $f : X \to Y$, $y = f(x)$ eine Funktion.*

   1. $y = f(x)$ heißt **(explizite) Funktionsgleichung**.

   2. Eine **Wertetabelle** *ist eine Tabelle, in der alle oder einige ausgewählte Urbild-Bild-Paare von f eingetragen werden.*

   3. Der **Graph** *von f ist die Menge $\{(x, f(x)) \mid x \in D_f\}$, die in der reellen Zahlenebene dargestellt werden kann. Auf der waagerechten Achse, der* **Abszisse**, *werden die x-Koordinaten abgetragen, auf der senkrechten Achse, der* **Ordinate**, *die y-* **Koordinaten**.

Die nun folgende Funktion ist etwa von Bedeutung bei den Elastizitäten in Abschnitt 10.8, wo es teilweise nur um die Größe eines ökonomischen Effekts, aber nicht um dessen Vorzeichen geht.

Definition 2.5 *Die* **Betragsfunktion** *wird definiert als:*

$$f : \mathbf{R} \to \mathbf{R}, \quad f(x) = |x| := \left\{ \begin{array}{ll} x & \text{für } x \geq 0 \\ -x & \text{für } x < 0 \end{array} \right.$$

Bemerkung 2.2   *1. Obige Definitionsweise wird als* **abschnittsweise Definition** *bezeichnet. Wichtig dabei ist, daß die Zerlegung des Definitionsbereichs eine Partition (siehe Abschnitt 1.3) ist.*

   2. Wichtig bei den folgenden Rechenregeln ist vor allem der zweite Punkt, der bedeutet, daß bei Auflösung einer Betragsgleichung i.a. eine Fallunterscheidung durchzuführen ist.

Satz 2.1 (Rechenregeln) *Seien $x, y \in \mathbf{R}$, $a \geq 0$.*

   1. $|x| = |-x|$

   2. $|x| = a \Rightarrow x = a$ oder $x = -a$

   3. $|x + y| \leq |x| + |y|$

   4. $|x - y| \geq |x| - |y|$

   5. $|x \cdot y| = |x| \cdot |y|$

6. $|\frac{x}{y}| = \frac{|x|}{|y|}$ für $y \neq 0$.

Definition 2.6   *1. Eine intervallweise konstante Funktion heißt* **Treppenfunktion.**

2. Die **Vorzeichenfunktion** *wird definiert als:*

$$\text{sign} : \mathbf{R} \to \mathbf{R}, \quad \text{sign}(x) := \left\{ \begin{array}{rl} 1 & \text{für } x > 0 \\ 0 & \text{für } x = 0 \\ -1 & \text{für } x < 0 \end{array} \right.$$

3. Die **Rundungsfunktion** *wird definiert als:*

$$\text{round} : \mathbf{R} \to \mathbf{R}, \quad \text{round}(x) := k \quad \text{für} \quad x \in \left[k - \frac{1}{2}, k + \frac{1}{2} \right)$$

wobei k die Menge der ganzen Zahlen durchläuft.

Bemerkung 2.3 *Vorzeichenfunktion und Rundungsfunktion sind Treppenfunktionen.*

Definition 2.7 *Seien $f : D_f \to \mathbf{R}$ und $g : D_g \to \mathbf{R}$ zwei reelle Funktionen. Sei A eine Menge mit $A \subseteq D_f$ und $A \subseteq D_g$. Dann ist*

$$\max_{x \in A}\{f(x), g(x)\} := \left\{ \begin{array}{ll} f(x) & \text{falls} \quad f(x) \geq g(x) \\ g(x) & \text{falls} \quad f(x) < g(x) \end{array} \right.$$

das **Maximum** *von $f(x)$ und $g(x)$ über x aus A und*

$$\min_{x \in A}\{f(x), g(x)\} := \left\{ \begin{array}{ll} f(x) & \text{falls} \quad f(x) \leq g(x) \\ g(x) & \text{falls} \quad f(x) > g(x) \end{array} \right.$$

das **Minimum** *von $f(x)$ und $g(x)$ über x aus A.*

Bemerkung 2.4 *Es gilt $|x| = \max_{x \in \mathbf{R}}\{x, -x\}$, was zeigt, daß 'gleiche' Funktionen durchaus verschiedene Darstellungen haben können.*

Definition 2.8   *1. Zwei Funktionen f und g sind* **gleich,** *wenn $D_f = D_g$ und wenn $\forall x \in D_f$ gilt: $f(x) = g(x)$*

2. Der **natürliche Definitionsbereich** *einer Funktion f ist der (mathematisch) größtmögliche.*

Die nun folgende Definition, bei der der natürliche Definitionsbereich nicht die ganze reelle Zahlenachse ist, ist ein Spezialfall der rationalen Funktion in Abschnitt 3.2.

Definition 2.9 *Der Graph von $f : \mathbf{R} \setminus \{0\} \to \mathbf{R}$, $f(x) = \frac{1}{x}$ heißt* **Normalhyperbel.**

Nun folgen die beiden mathematisch einfachsten Funktionen, die auch Spezialfall der Polynome in Abschnitt 3.1 sind.

Definition 2.10   *1. Für $a, b \in \mathbf{R}$ heißt $f : \mathbf{R} \to \mathbf{R}$, $f(x) = a + bx$* **affin-lineare Funktion** *und ihr Graph* **Gerade.**

2. *Sei* $c \in \mathbf{R}$. $f : \mathbf{R} \to \mathbf{R}$, $f(x) = c$ *heißt* **konstante Funktion.**

Bemerkung 2.5 *Ökonomisches Denken basiert i.a. auf Modellbildung. Ein* **ökonomisches Modell** *ist ein stark vereinfachtes Abbild der Realität, das wesentliche Wirkungen auf bestimmte ökonomische Variablen hervorhebt und meist mit Hilfe von Funktionen formuliert wird. Hat eine mathematische Funktion* $f : \mathbf{R} \to \mathbf{R}$, $y = f(x)$ *eine ökonomische Bedeutung, so wird sie auch* **kausal** *interpretiert. Die* **unabhängige** *oder* **exogene Variable** x *erklärt das Verhalten der* **abhängigen** *oder* **endogenen Variablen** y.

Definition 2.11 *Sei* $f : X \to Y$, $y = f(x)$ *eine Funktion. Weitere eventuell in der Funktionsgleichung auftretende 'Hilfsvariable' heißen* **Parameter.**

Bemerkung 2.6   1. *Parameter helfen bei der Beschreibung der Zusammenhänge ökonomischer Variablen.*

2. *Die korrekte Aussprache lautet 'Parámeter' – ebenso bitte auch 'Análysis'. Betont wird also jeweils die drittletzte Silbe.*

2.2   Verknüpfung von Funktionen

Dieser Abschnitt stellt fünf wichtige Funktionsverknüpfungen vor, von denen die ersten vier in der folgenden Definition für den Nicht-Mathematiker nur Trivialitäten zu bieten scheinen, die fünfte in der letzten Definition hingegen für manchen weniger vertraut sein dürfte.

Definition 2.12 *Seien* $f : D_f \to \mathbf{R}$ *und* $g : D_g \to \mathbf{R}$ *Funktionen. Sei* $D_{fg} = D_f \cap D_g$ *und* $D_{fg}^* = D_{fg} \setminus \{x \mid g(x) = 0\}$ *mit* $D_{fg} \neq \emptyset$ *und* $D_{fg}^* \neq \emptyset$. *Dann ist*

1. $f + g : D_{fg} \to \mathbf{R}$, $(f + g)(x) = f(x) + g(x)$

2. $f - g : D_{fg} \to \mathbf{R}$, $(f - g)(x) = f(x) - g(x)$

3. $f \cdot g : D_{fg} \to \mathbf{R}$, $(f \cdot g)(x) = f(x) \cdot g(x)$

4. $\frac{f}{g} : D_{fg}^* \to \mathbf{R}$, $\left(\frac{f}{g}\right)(x) = \frac{f(x)}{g(x)}$

Bemerkung 2.7 *Es gilt* $(f + g)(x) = (g + f)(x)$ *und* $(f \cdot g)(x) = (g \cdot f)(x)$.

Die folgende Definition präsentiert weitere Spezialfälle der Geraden bzw. Polynome (Abschnitt 3.1) und der rationalen Funktionen (Abschnitt 3.2).

Definition 2.13   1. $id : \mathbf{R} \to \mathbf{R}$, $id(x) = x$ *heißt* **Identität.**

2. *Sei* $f : D_f \to \mathbf{R}$, $y = f(x)$ *eine Funktion.* $S : D_f \setminus \{0\} \to \mathbf{R}$, $S(x) = \frac{f(x)}{x}$ *heißt* **Durchschnitts-** *oder* **Stückfunktion.**

Die Funktionsverkettung spielt z.B. eine grundlegende Rolle bei der Kettenregel der Differentiation in Abschnitt 5.2.

Definition 2.14 *Seien $f : D_f \rightarrow W_f$ und $g : D_g \rightarrow W_g$ zwei Funktionen mit $W_g \subseteq D_f$. Dann heißt*

$$f \circ g : D_g \rightarrow W_f, \quad (f \circ g)(x) = f(g(x))$$

die **Hintereinanderausführung (HEA)** *oder* **Verkettung** *von f und g.*

Bemerkung 2.8   *1. Die Verkettung von Funktionen kann sinnlos sein bei ökonomischer Gehaltlosigkeit und sie kann durch die Verletzung der Bedingung $W_g \subseteq D_f$ mathematisch unmöglich sein.*

2. I.a. gilt $f \circ g \neq g \circ f$

3. I.a. gilt $f \circ g \neq f \cdot g$ und $g \cdot f \neq g \circ f$

2.3   Monotone und beschränkte Funktionen

Hier werden zwei weitere Funktionseigenschaften eingeführt. Es ist etwa von Interesse, die Monotonie ökonomischer Funktionen festzustellen, da diese bedeutet, daß die Erhöhung einer exogenen Variablen im gesamten relevanten Teil des Definitionsbereichs eine Erhöhung/Senkung der endogenen Variablen nach sich zieht.

Definition 2.15 *Eine Funktion $f : D_f \rightarrow \mathbf{R}$ heißt auf der Menge $A \subseteq D_f$*

1. **streng monoton steigend,** *wenn $\forall\, x_1, x_2 \in A$ gilt: $x_2 > x_1 \Rightarrow f(x_2) > f(x_1)$*

2. **streng monoton fallend,** *wenn $\forall\, x_1, x_2 \in A$ gilt: $x_2 > x_1 \Rightarrow f(x_2) < f(x_1)$*

3. **monoton steigend,** *wenn $\forall\, x_1, x_2 \in A$ gilt: $x_2 > x_1 \Rightarrow f(x_2) \geq f(x_1)$*

4. **monoton fallend,** *wenn $\forall\, x_1, x_2 \in A$ gilt: $x_2 > x_1 \Rightarrow f(x_2) \leq f(x_1)$*

Bemerkung 2.9   *1. Der Nachweis der Monotonie ist leichter mit Ableitungen zu führen. Siehe dazu Abschnitt 11.2.*

2. Man beachte, daß in der obigen Definition der Fall $x_2 = x_1$ nicht betrachtet wird.

Da ökonomische Variablen i.a. nicht über alle Grenzen wachsen werden, wird nun die Beschränktheit des Wertebereichs von Funktionen formalisiert.

Definition 2.16 *Eine Funktion $f : D_f \rightarrow \mathbf{R}$ heißt auf der Menge $A \subseteq D_f$*

1. **nach oben beschränkt,** *wenn ein $S \in \mathbf{R}$ existiert mit $f(x) \leq S \,\forall\, x \in A$. S heißt dann* **obere Schranke.**

2. **nach unten beschränkt,** *wenn ein $s \in \mathbf{R}$ existiert mit $f(x) \geq s \,\forall\, x \in A$. s heißt dann* **untere Schranke.**

3. **beschränkt,** *wenn ein $\sigma \in \mathbf{R}$ existiert mit $|f(x)| \leq \sigma \,\forall\, x \in A$. σ heißt dann* **Schranke.**

Gibt es keine untere oder obere Schranke für f, so heißt f **unbeschränkt.**

Schranken sind zwar nicht eindeutig, aber die folgende Definition nimmt diese Ergänzung, falls erforderlich, in naheliegender Weise vor.

Definition 2.17   *1. Die kleinste obere Schranke von f auf A heißt* **Supremum** *von f auf A. Schreibweise:* $\sup_{x \in A} f(x)$.

   2. Die größte untere Schranke von f auf A heißt **Infimum** *von f auf A. Schreibweise:* $\inf_{x \in A} f(x)$.

Bemerkung 2.10 *Supremum und Infimum müssen nicht zum Wertebereich der Funktion gehören.*

2.4   Umkehrfunktionen

Soll eine Relation zwischen X und Y eine Abbildung von X nach Y <u>und</u> von Y nach X sein – siehe Abschnitt 2.1 –, so muß f bijektiv sein.

Definition 2.18 *Sei $f : X \to Y$ eine bijektive Funktion. Die Funktion, die jedem $y \in Y$ sein Urbild $x \in X$ zuordnet, heißt* **Umkehrfunktion** *oder* **inverse Funktion** f^{-1} *von f.*

Bemerkung 2.11   *1. $f^{-1} \circ f = id$, $f^{-1}(f(x)) = x$. Funktion und Umkehrfunktion heben sich in ihrer Wirkung auf.*

   2. Die Surjektivität kann durch Beschränkung des Wertebereichs der Funktion und die Injektivität durch Beschränkung/Zerlegung des Definitionsbereichs der Funktion erreicht werden.

Die Überprüfung der Injektivität einer Funktion ist i.a. sehr mühsam. Dagegen ist die Monotonie mit Hilfe der Ableitung – siehe Abschnitt 11.2 – relativ leicht festzustellen. Daher bedeutet der folgende Satz bei Anwendbarkeit eine Arbeitserleichterung.

Satz 2.2 *Ist eine reelle Funktion f auf $A \subseteq D_f$ streng monoton, so ist sie auf A injektiv.*

Bemerkung 2.12   *1. Dann ist $f^* : A \to \{f(x) \,|\, x \in A\}$, $f^*(x) = f(x)$ invertierbar.*

   2. Die Umkehrung des Satzes gilt i.a. nicht, also aus der Injektivität einer Funktion folgt nicht die Monotonie.

Nach der Frage nach der Existenz der Umkehrfunktion geht es nun um ihre Bestimmung.

Bemerkung 2.13 *Eine Möglichkeit zur Ermittlung der Umkehrfunktion von f ist die Auflösung der Funktionsgleichung nach der Urbildvariable. Dieses Verfahren ist exakt, aber leider nicht immer anwendbar.*

Als Umkehrfunktion der Potenzfunktion aus Abschnitt 2.1 ergibt sich die Wurzelfunktion:

Satz 2.3   *1. Sei $k \in \mathbf{N}$ gerade. Dann ist $f : \mathbf{R}_+ \to \mathbf{R}_+$, $f(x) = x^k$ bijektiv, und die Umkehrfunktion ist die* **k-te Wurzelfunktion**

$$f^{-1} : \mathbf{R}_+ \to \mathbf{R}_+ \quad x = f^{-1}(y) = \sqrt[k]{y}$$

2. Sei $k \in \mathbf{N}$ ungerade. Dann ist $f : \mathbf{R} \to \mathbf{R}$, $f(x) = x^k$ bijektiv, und die Umkehrfunktion ist die **k-te Wurzelfunktion**

$$f^{-1} : \mathbf{R} \to \mathbf{R} \quad x = f^{-1}(y) = \sqrt[k]{y}$$

Bemerkung 2.14 *Man beachte, daß zwar wegen der Funktionseigenschaft die Wurzelfunktion für gerades k nur ein eindeutiges Bild hat, aber trotzdem z.B. quadratische Gleichungen zwei Lösungen haben können. Es gilt für $b \in \mathbf{R}$:*

$$x^2 = b \Rightarrow \begin{cases} \text{keine Lösung} & \text{für } b < 0 \\ \text{eine Lösung} \quad x = 0 & \text{für } b = 0 \\ \text{zwei Lösungen} \quad x_{1,2} = \pm\sqrt{b} & \text{für } b > 0 \end{cases}$$

Bemerkung 2.15 *Graphisch bedeutet die Bildung der Umkehrfunktion von f einfach die Spiegelung von f an der Identität. Da man auch nicht-bijektive Funktionen spiegeln kann, folgt aus der Spiegelbarkeit aber nicht die Existenz der Umkehrfunktion!*

Kapitel 3

Elementare Funktionen

3.1 Polynome

Die Polynome bilden die einfachste der größeren elementaren Funktionenklassen.

Definition 3.1

$$P_n : \mathbf{R} \to \mathbf{R}, \quad P_n(x) = a_n x^n + a_{n-1} x^{n-1} + \ldots + a_1 x + a_0 = \sum_{i=0}^{n} a_i x^i$$

mit $a_n \neq 0$ *heißt* **Polynom n-ten Grades** *mit* **Koeffizienten** $a_i \in \mathbf{R}$ *für* $i = 0, 1, \ldots, n$.

Bemerkung 3.1 *Konstante Funktionen sind Polynome 0. Grades, die Identität und affin-lineare Funktionen sind Polynome 1. Grades und die Potenzfunktion* x^k *ist ein Polynom k. Grades (siehe Kap. 2).*

Von sehr großer Bedeutung, etwa bei der Optimierung von Funktionen in Abschnitt 11.3, ist die Nullstellenbestimmung. Bei Polynomen lassen sich Nullstellenprobleme sehr systematisch behandeln.

Definition 3.2 *Sei* $f : \mathbf{R} \to \mathbf{R}$, $y = f(x)$ *eine (beliebige) Funktion.* $x_0 \in \mathbf{R}$ *heißt* **Nullstelle** *von* f, *wenn* $f(x_0) = 0$.

Bemerkung 3.2 *Nullstellen sind Schnitt- bzw. Berührpunkte des Graphen von f mit der x-Achse.*

Es folgt die bekannte Nullstellenformel für Polynome 2. Grades.

Satz 3.1 *Seien* $a, b, c \in \mathbf{R}$, $a \neq 0$. *Die Nullstellen von* $P(x) = ax^2 + bx + c$ *lauten*

$$x_{1,2} = \frac{-b \pm \sqrt{b^2 - 4ac}}{2a}$$

sofern $b^2 \geq 4ac$. *Für* $a = 1$ *reduziert sich die Formel auf*

$$x_{1,2} = -\frac{b}{2} \pm \sqrt{\left(\frac{b}{2}\right)^2 - c}$$

Bemerkung 3.3 *Für Polynome 3. und 4. Grades gibt es längere Nullstellenformeln, die etwa in [13] nachzuschlagen sind. Weiterhin kann man zeigen, daß es für beliebige Polynome vom Grade $n \geq 5$ keine Nullstellenformeln geben kann, sodaß dann nur numerische Verfahren wie das* **Newton-Verfahren** *weiterhelfen.*

Im folgenden geht es um die Frage, wieviele Nullstellen ein Polynom n-ten Grades besitzt und wie man schon gefundene Nullstellen aus Polynomen abspalten kann, um dann die restlichen Nullstellen in einem eventuell einfacher zu behandelnden Polynom niedrigeren Grades suchen zu können.

Satz 3.2 *Besitzt ein Polynom P_n vom Grade $n \geq 1$ eine reelle Nullstelle x_1, so existiert ein Polynom P_{n-1} vom Grade $n - 1$ mit $P_n(x) = (x - x_1) \cdot P_{n-1}(x)$. $(x - x_1)$ heißt* **Linearfaktor**.

Bemerkung 3.4 *P_{n-1} läßt sich dann aus P_n und $(x - x_1)$ durch die* **Polynomdivision**

$$P_{n-1}(x) = P_n(x) : (x - x_1)$$

(ohne Rest) errechnen. Dabei sind die Nullstellen von P_n bis auf x_1 auch Nullstellen von P_{n-1}. x_1 wird auf diese Weise **abgespalten**.

Satz 3.3 (Linearfaktorzerlegung) *Ein Polynom P_n vom Grade $n \geq 1$ besitzt r reelle Nullstellen $x_1, x_2, \ldots, x_r$ mit $0 \leq r \leq n$ und damit die Zerlegung*

$$P_n(x) = (x - x_1) \cdot (x - x_2) \cdot \ldots \cdot (x - x_r) \cdot P_{n-r}(x),$$

wobei $P_{n-r}(x)$ ein Polynom vom Grade $n - r$ ohne reelle Nullstellen ist.

Bemerkung 3.5 *Die Nullstellen müssen nicht voneinander verschieden sein. Stimmen Nullstellen überein, so nennt man diese* **mehrfache Nullstellen**. *Die* **Vielfachheit** *der Nullstelle gibt dann an, wie oft der zugehörige Linearfaktor in obiger Zerlegung auftritt.*

Satz 3.4 *Ein Polynom P_n vom Grade $n \geq 1$ besitzt genau n reelle oder komplexe Nullstellen. Ist $z \in \mathbb{C}$ Nullstelle von P_n, so ist auch $\bar{z} \in \mathbb{C}$ Nullstelle von P_n.*

Bemerkung 3.6   *1. Der letzte Satz bedeutet, daß in der Menge der komplexen Zahlen – siehe Abschnitt 1.4 – jedes Polynom vollständig in Linearfaktoren zerfällt. Komplexe Nullstellen treten immer paarweise auf.*

2. Zwar gibt es für beliebige Polynome 3. und 4. Grades keine einfachen und für Polynome vom Grade $n \geq 5$ überhaupt keine Nullstellenformeln. Aber gelegentlich ist die Struktur von Polynomen höheren Grades so einfach, daß man sie durch Transformation auf ein Polynom 2. Grades reduzieren kann. Um etwa die Nullstellen von $P(x) = x^4 + bx^2 + c$ zu erhalten, transformiert man $P(x)$ zunächst mittels $z \stackrel{!}{=} x^2$ zu $P^*(z) = z^2 + bz + c$, dessen Nullstellen

$$z_{1,2} = -\frac{b}{2} \pm \sqrt{\left(\frac{b}{2}\right)^2 - c}$$

lauten. Die Nullstellen von $P(x)$ ergeben sich dann als

$$x_{1,2} = \pm\sqrt{z_1} \qquad x_{3,4} = \pm\sqrt{z_2}$$

3. *Summe, Differenz, Produkt und Verkettung von Polynomen führen wieder zu Poly-*
   nomen. Das gilt i.a. nicht für die Division von Polynomen – ausgenommen die Fälle
   mit geeigneter Linearfaktorzerlegung –, wodurch man auf die rationalen Funktionen
   des nächsten Abschnitts geführt wird.

3.2 Rationale und algebraische Funktionen

Da sich bei der Polynomdivision i.a. kein Polynom ergibt (s.o.), sind rationale Funktionen
die natürliche Verallgemeinerung von Polynomen. Besonderes Interesse verdient in dieser
Funktionenklasse die Analyse der Definitionslücken.

Definition 3.3 *Seien P_n und Q_m Polynome. Dann heißt*

$$f : D_f \to \mathbf{R}, \quad f(x) = \frac{P_n(x)}{Q_m(x)} \quad mit \quad D_f = \mathbf{R} \setminus \{x \mid Q_m(x) = 0\}$$

rationale Funktion. *Die Nullstellen von $Q_m(x)$ heißen* **Definitionslücken.**

Bemerkung 3.7   *1. Polynome sind rationale Funktionen mit $Q_m(x) = 1$, Normalhy-*
   perbel und Stückfunktionen (siehe Kap. 2) sind rationale Funktionen mit $Q_m(x) = x$.

2. *Ist x_0 Nullstelle von $P_n(x)$ und $Q_m(x)$, so ist x_0 eine* **behebbare Definitionslücke,**
   denn der Linearfaktor $(x - x_0)$ läßt sich herauskürzen. Bei behebbaren Definiti-
   onslücken wurde dieses Kürzen quasi nur 'vergessen'. Siehe dazu auch Abschnitt
   4.4.

3. *Ist x_0 Nullstelle nur von $P_n(x)$, so ist x_0 auch eine Nullstelle von $f(x)$.*

4. *Ist x_0 Nullstelle nur von $Q_m(x)$, so heißt x_0* **Polstelle** *oder* **Singularität.**

5. *Summe, Differenz, Produkt, Quotient und Verkettung von rationalen Funktionen*
   sind wieder rationale Funktionen.

Bemerkung 3.8 *Zur Klasse der* **algebraischen Funktionen** *gehören alle Funktionen,*
die sich durch die algebraischen Operationen Addition, Subtraktion, Multiplikation, Di-
vision, Potenzierung und Radizierung (Wurzelziehen) aus der Identität erzeugen lassen.
Polynome, rationale Funktionen, Wurzelfunktionen und ihre Verkettungen sind also alge-
braische Funktionen. Nicht-algebraische Funktionen heißen **transzendent** *und sind das*
Thema der letzten Abschnitte dieses Kapitels.

3.3 Exponentialfunktionen und Logarithmen

Eine fundamentale Rolle z.B. in der Statistik oder in ökonomischen Wachstumsprozes-
sen spielt die Exponentialfunktion. Nicht weniger wichtig ist ihre Umkehrfunktion, die
Logarithmusfunktion, die etwa bei Wachstumsraten in Abschnitt 10.8 oder bei der Ver-
einfachung von Gleichungen auftritt. Da zudem die Rechenregeln für diese beiden Funktionenklassen i.a. nicht ausreichend beherrscht werden, ist dieser Abschnitt ein zentraler
Teil des Vorkurses.

Definition 3.4

$$f : \mathbf{R} \to (0, \infty), \quad f(x) = a^x \quad mit \quad a > 0, \; a \neq 1$$

heißt (**allgemeine**) **Exponentialfunktion** *zur Basis a.*

Bemerkung 3.9   *1. $a > 0$, weil sonst z.B. für $a = -1$ und $x = 0.5$ folgen würde: $f(0.5) = \sqrt{-1} \notin \mathbf{R}$. Ebenso wäre z.B. für $a = 0$ und $x = -1$ der Funktionswert $f(-1) = 0^{-1}$ nicht definiert.*

2. $a \neq 1$, da sonst $1^x = 1 \; \forall \, x \in \mathbf{R}$ eine nicht invertierbare Funktion ergeben würde.

3. Es genügt, den Fall $a > 1$ zu betrachten, da $\left(\frac{1}{a}\right)^x = a^{-x}$.

Definition 3.5 *Der wichtigste Spezialfall*

$$f : \mathbf{R} \to (0, \infty), \quad f(x) = \exp(x) := e^x \quad mit \quad e = 2.7182818\ldots \in \mathbf{R} \setminus \mathbf{Q}$$

heißt (**natürliche**) **Exponentialfunktion**. *e heißt* **Eulersche Zahl**.

Bemerkung 3.10 *exp ist der _Name_ einer Funktion (wie schon max und min), die vorschreibt, daß mit der Variablen x die Operation e^x auszuführen ist, während e einfach eine reelle Zahl ist, mit der man wie gewohnt rechnen kann. Die Schreibweise $\exp(\cdot)$ wird z.B. verwendet, wenn in der Klammer ein längerer Ausdruck steht, der im Exponenten der Eulerschen Zahl schwer lesbar wäre.*

Satz 3.5 (Eigenschaften)   *1. Die* **Rechenregeln** *ergeben sich aus den Regeln für die Potenzrechnung:*

$a^x \cdot a^y = a^{x+y}$	$\exp(x) \cdot \exp(y) = \exp(x + y)$
$\dfrac{a^x}{a^y} = a^{x-y}$	$\dfrac{\exp(x)}{\exp(y)} = \exp(x - y)$
$(a^x)^y = a^{x \cdot y}$	$(\exp(x))^y = \exp(x \cdot y)$
$a^{-x} = 1/a^x$	$\exp(-x) = \dfrac{1}{\exp(x)}$

2. Die Exponentialfunktion ist streng monoton steigend für $a > 1$ und streng monoton fallend für $a < 1$, also bijektiv und damit invertierbar.

Definition 3.6   *1. Die Umkehrfunktion zur (allgemeinen) Exponentialfunktion zur Basis a heißt* **Logarithmus(funktion)** *zur Basis a*

$$f : (0, \infty) \to \mathbf{R}, \quad f(x) = \log_a(x) \quad mit \quad a > 0, \; a \neq 1$$

$$und \quad y = \log_a(x) \Leftrightarrow x = a^y$$

2. Wichtige Spezialfälle:

(a) **Natürlicher Logarithmus**: $f(x) = \log_e(x) =: \ln(x)$

(b) **Dekadischer Logarithmus**: $f(x) = \log_{10}(x) =: \lg(x)$

(c) **Logarithmus dualis:** $f(x) = \log_2(x) =: \mathrm{ld}(x)$

Bemerkung 3.11 *Der Logarithmus zur Basis a von x ist also die Zahl, mit der man a potenzieren muß, um x zu erhalten. Damit leuchten die ersten drei Punkte des folgenden Satzes sofort ein.*

Satz 3.6   1. $x = \ln(e^x) = \mathrm{ld}(2^x) = \lg(10^x) = \log_a(a^x)$

2. $x > 0 \Rightarrow x = e^{\ln(x)} = 2^{\mathrm{ld}(x)} = 10^{\lg(x)} = a^{\log_a(x)}$

3. *Für beliebiges (zulässiges) a gilt* $\log_a(1) = 0$ *und* $\log_a(a) = 1$.

4. $x \in (0,1) \wedge a > 1 \Rightarrow \log_a(x) < 0$

5. *Die* **Rechenregeln** *ergeben sich aus den Regeln für die Exponentialfunktion und die Umkehrfunktionseigenschaft:*

$$
\boxed{
\begin{aligned}
\log_a(x \cdot y) &= \log_a(x) + \log_a(y) \\
\log_a\left(\tfrac{x}{y}\right) &= \log_a(x) - \log_a(y) \\
\log_a\left(x^b\right) &= b \cdot \log_a(x)
\end{aligned}
}
$$

Verallgemeinerung: $\log_a\left(\Pi_{i=1}^n x_i^c\right) = c \sum_{i=1}^n \log_a(x_i)$

6. *Die Logarithmusfunktion ist streng monoton steigend für* $a > 1$.

7. **Basiswechsel:** $\log_a(x) = \frac{\ln(x)}{\ln(a)} = \frac{\lg(x)}{\lg(a)} = \frac{\mathrm{ld}(x)}{\mathrm{ld}(a)}$

Bemerkung 3.12   1. *Obige Verallgemeinerung der Rechenregeln verdeutlicht, wie etwa in der Optimierung (siehe Kapitel 11) Funktionen in der Form längerer Produkte – die i.a. schwierig abzuleiten sind – durch Logarithmierung in einfacher zu behandelnde Summen zu transformieren sind, wobei die Extrema wegen der Monotonie der Logarithmusfunktion nicht verändert werden.*

2. *Wegen der Basiswechselformel genügt ein Taschenrechner, der die Logarithmusfunktion nur für _eine_ Basis direkt berechnen kann, da der Logarithmus für jede weitere Basis dann einfach zu ermitteln ist.*

3. $\log_a$, ln, lg *und* ld *sind auch _Namen_ von Funktionen (wie schon max, min und exp), die vorschreiben, welche Operationen mit der Variablen x auszuführen sind, und keine reellen Zahlen! Die leider gelegentlich in Klausurlösungen anzutreffende Schreibweise* '$\log_a \cdot x$' *ist daher großer Quatsch!*

4. *Man präge sich obige Rechenregeln gut ein und beachte, daß etwa für* $\log_a(x \pm y)$, $\log_a(x) \cdot \log_a(y)$ *und* $\log_a(x)/\log_a(y)$ *keine Umformungsregeln angegeben wurden! Insbesondere gilt i.a.:*

$$\log_a(x + y) \neq \log_a(x) + \log_a(y)$$

3.4   Trigonometrische Funktionen

Die trigonometrischen Funktionen sind in der Ökonomie weit weniger wichtig als die Funktionen des vorigen Abschnitts. Aber nicht nur für die Winkelmessung benötigt man doch die Kenntnis einiger elementarer Zusammenhänge.

Bemerkung 3.13 *Der* **Einheitskreis** *ist ein Kreis mit dem Mittelpunkt* $(0,0)$ *und dem Radius* $r = 1$. *Sei* $P = (p_1, p_2)$ *ein Punkt auf dem Einheitskreis und* $\overline{(0,0), P}$ *das* **Verbindungsgeradenstück** *von* $(0,0)$ *und* P. *Der* **Winkel** α *zwischen dem positiven Teil der x-Achse und* $\overline{(0,0), P}$ *im Nullpunkt läßt sich in* **Grad** *oder im* **Bogenmaß** x *(Streckenlänge auf dem Einheitskreis von* $(1,0)$ *bis* P *im entgegengesetzten Uhrzeigersinn) angeben. Dabei gilt:*

$$x = \alpha \cdot \frac{2\pi}{360°} \quad mit \quad \pi = 3.1415927 \ldots \in \mathbf{R} \setminus \mathbf{Q}$$

Man beachte, daß der Einheitskreisumfang $U = 2\pi$ *ist.*

Grad	0	90	180	270	360
Bogenmaß x	0	$\pi/2$	π	$3\pi/2$	2π

Definition 3.7 *Mit den Bezeichnungen der einführenden Bemerkung definiert man den* **Sinus** *von* x *(bzw.* α*) als*

$$\sin : \mathbf{R} \to [-1, 1], \quad \sin(x) = Ordinatenwert\ von\ P$$

und den **Cosinus** *von* x *(bzw.* α*) als*

$$\cos : \mathbf{R} \to [-1, 1], \quad \cos(x) = Abszissenwert\ von\ P$$

Die Tatsache, daß beide Funktionen auf ganz $\mathbf{R}$ – und nicht nur auf dem Intervall $[0, 2\pi)$ – definiert werden können, wird in Bemerkung 3.16 erläutert.

Bemerkung 3.14 *Achten Sie sehr darauf, daß ihr Taschenrechner auf das Bogenmaß eingestellt ist, wenn Sie trigonometrische Funktionen im Bogenmaß berechnen wollen!*

Bemerkung 3.15 *Im rechtwinkligen Dreieck mit den Eckpunkten* $(0,0)$, $(p_1, 0)$ *und* P *hat die* **Hypotenuse** $\overline{(0,0), P}$ *die Länge 1, so daß mit der* **Gegenkathete** $\overline{(p_1, 0), P}$ *und der* **Ankathete** $\overline{(0,0), (p_1, 0)}$ *wie gewohnt gilt:*

$$\sin(x) = \frac{Gegenkathete}{Hypotenuse} \quad und \quad \cos(x) = \frac{Ankathete}{Hypotenuse}$$

Definition 3.8 *Eine Funktion* $f : D_f \to \mathbf{R}$ *heißt* **periodisch** *mit der* **Periode** $T > 0$, *wenn* $\forall\, x \in D_f$ *gilt:* $f(x + T) = f(x)$

Bemerkung 3.16 *Sinus und Cosinus sind periodisch mit* $T = 2\pi$, *dem Umfang des Einheitskreises. Daher ist es möglich, beide Funktionen – wie oben geschehen – auf ganz* $\mathbf{R}$ *zu definieren, denn in Bemerkung 3.13 hängen die Lage des Punktes* P *auf dem Einheitskreis und damit auch der beschriebene Winkel und die Funktionswerte von Sinus und Cosinus nicht davon ab, ob man mit diesem Punkt* P *in beliebiger Richtung vorher 'einige Runden auf dem Einheitskreis gedreht hat'.*

Satz 3.7 (Rechenregeln)   *1. Additionstheoreme:*

$$\sin(x \pm y) = \sin(x) \cdot \cos(y) \pm \cos(x) \cdot \sin(y)$$

$$\cos(x \pm y) = \cos(x) \cdot \cos(y) \mp \sin(x) \cdot \sin(y)$$

*2. **Satz von Pythagoras:*** $(\sin(x))^2 + (\cos(x))^2 = 1$

3. $\sin\left(x + \frac{\pi}{2}\right) = \cos(x)$

Bemerkung 3.17 *Die letzte Rechenregel bewirkt, daß der Graph des Sinus durch einfache Verschiebung aus dem des Cosinus hervorgeht.*

Definition 3.9

$$\tan : D_{\tan} \to \mathbf{R}, \quad \tan(x) := \frac{\sin(x)}{\cos(x)} \quad mit \quad D_{\tan} = \left\{ x \in \mathbf{R} \,\Big|\, x \neq (2k+1)\frac{\pi}{2}, \ k \in \mathbf{Z} \right\}$$

heißt **Tangens** *von x, und*

$$\cot : D_{\cot} \to \mathbf{R}, \quad \cot(x) := \frac{\cos(x)}{\sin(x)} \quad mit \quad D_{\cot} = \{ x \in \mathbf{R} \,|\, x \neq k\pi, \ k \in \mathbf{Z} \}$$

heißt **Cotangens** *von x.*

Bemerkung 3.18   *1. Der Tangens hat also die Nullstellen des Sinus und Polstellen in allen Nullstellen des Cosinus.*

2. Es gilt: $\cot(x) = \frac{1}{\tan(x)}$ *für* $x \in (D_{\tan} \cap D_{\cot})$. *Daher ist der Cotangens unbedeutend.*

3. Im rechtwinkligen Dreieck mit den Eckpunkten $(0,0)$, $(p_1, 0)$ *und* P *und der* **Gegen-kathete** $\overline{(p_1,0), P}$ *sowie der* **Ankathete** $\overline{(0,0), (p_1, 0)}$ *gilt wie gewohnt:*

$$\tan(x) = \frac{Gegenkathete}{Ankathete}$$

Daher wird der Tangens eines Winkels auch als Steigungsmaß verwendet – siehe Abschnitt 5.1.

4. Tangens und Cotangens sind periodisch mit $T = \pi$.

Beschränkt man sich auf Intervalle, in denen die trigonometrischen Funktionen streng monoton sind, so kann man die jeweiligen Umkehrfunktionen, die **Arcusfunktionen**, definieren, die etwa bei der Winkelmessung Verwendung finden.

Definition 3.10   *1. Die Umkehrfunktion von* $\sin : \left[-\frac{\pi}{2}, \frac{\pi}{2}\right] \to [-1, 1]$ *heißt* **Arcussi-nus**

$$\arcsin : [-1, 1] \to \left[-\frac{\pi}{2}, \frac{\pi}{2}\right]$$

2. Die Umkehrfunktion von $\cos : [0, \pi] \to [-1, 1]$ *heißt* **Arcuscosinus**

$$\arccos : [-1, 1] \to [0, \pi]$$

3. Die Umkehrfunktion von $\tan : \left(-\frac{\pi}{2}, \frac{\pi}{2}\right) \to \mathbf{R}$ *heißt* **Arcustangens**

$$\arctan : \mathbf{R} \to \left(-\frac{\pi}{2}, \frac{\pi}{2}\right)$$

Kapitel 4

Folgen, Reihen, Grenzwerte, Stetigkeit

4.1 Folgen und Reihen

Folgen und Reihen spielen eine zentrale Rolle in der Finanzmathematik. Eine besondere Bedeutung haben dabei die arithmetische und vor allem die geometrische Folge/Reihe. Aber auch in vielen anderen Bereichen der Ökonomie gewinnen etwa intertemporale Betrachtungen an Bedeutung, bei denen zukünftige Zahlungen durch Abzinsung mit heutigen Zahlungen vergleichbar gemacht werden und in denen unendliche Reihen von Zahlungsströmen analysiert werden.

Definition 4.1   *1. Eine Funktion $f : \mathbf{N} \to \mathbf{R}$ heißt **Folge**. $a_n := f(n)$ heißt **n-tes Folgenglied** und n **Index**. Schreibweise: $(a_n)_{n \in \mathbf{N}} = (a_1, a_2, a_3, \ldots)$*

*2. Eine Menge $\mathcal{M}$ heißt **abzählbar**, wenn es eine bijektive Abbildung $\phi : \mathbf{N} \to \mathcal{M}$ gibt.*

Bemerkung 4.1 *Eine Folge ist also ein einfacher Spezialfall einer Funktion mit einem abzählbaren Definitions- und damit auch Wertebereich. Der Graph einer Folge ist eine Menge von isolierten Punkten im $\mathbf{R}^2$. Der Definitionsbereich einer Folge darf auch $\mathbf{N}_0$ oder eine andere abzählbare Menge sein. Schließlich sind auch endliche Mengen als Definitionsbereich zulässig, wodurch man eine **endliche Folge** erhält.*

Definition 4.2   *1. Eine Folge heißt **arithmetische Folge**, wenn ein $k \in \mathbf{R}$ existiert mit*

$$a_{n+1} - a_n = k \quad \forall\, n \in \mathbf{N}$$

*2. Eine Folge heißt **geometrische Folge**, wenn ein $k \in \mathbf{R}$ existiert mit*

$$\frac{a_{n+1}}{a_n} = k \quad \forall\, n \in \mathbf{N}$$

Bemerkung 4.2   *1. Das **Bildungsgesetz** der arithmetischen Folge lautet:*

$$a_n = a_1 + (n-1) \cdot k = (a_1 - k) + k \cdot n$$

Damit ist die arithmetische Folge ein Folgen-Analogon zur affin-linearen Funktion.

2. *Das Bildungsgesetz der geometrischen Folge lautet:*

$$a_n = a_1 \cdot k^{n-1}$$

Die geometrische Folge ist dann ein Folgen-Analogon zur Exponentialfunktion.

Definition 4.3   *1. Sei* $(a_n)_{n \in \mathbb{N}}$ *eine Folge. Die Folge* $(s_n)_{n \in \mathbb{N}}$ *der* **Partialsummen** *oder* **Teilsummen**

$$s_n := \sum_{i=1}^{n} a_i$$

heißt **Reihe.**

2. *Ist* $(a_n)_{n \in \mathbb{N}}$ *eine arithmetische Folge, so heißt* $(s_n)_{n \in \mathbb{N}}$ **arithmetische Reihe.**

3. *Ist* $(a_n)_{n \in \mathbb{N}}$ *eine geometrische Folge, so heißt* $(s_n)_{n \in \mathbb{N}}$ **geometrische Reihe.**

Bemerkung 4.3 *Man erhält Reihen aus Folgen durch Summenbildung und Folgen aus Reihen durch Differenzenbildung, denn es gilt* $a_1 = s_1$ *und* $a_{n+1} = s_{n+1} - s_n \; \forall \, n \in \mathbb{N}.$

Satz 4.1   *1.* $\sum_{i=1}^{n} i = \frac{n(n+1)}{2}$

2. $\sum_{i=0}^{n} x^i = \dfrac{1 - x^{n+1}}{1 - x}$ *für* $x \neq 1$

3. *Bildungsgesetz der arithmetischen Reihe:*

$$s_n = n \cdot a_1 + \frac{n(n-1)}{2}\, k$$

4. *Bildungsgesetz der geometrischen Reihe:*

$$s_n = \left\{ \begin{array}{ll} a_1 \cdot \frac{1-k^n}{1-k} & \text{für} \quad a_1 \neq 0, \quad k \neq 1 \\ a_1 n & \text{für} \quad a_1 \neq 0, \quad k = 1 \end{array} \right.$$

4.2   Grenzwerte bei Folgen und Reihen

Wir kommen nun zu einem zentralen Begriff der Analysis, zum Grenzwert, der zunächst bei Folgen eingeführt wird, weil die Abzählbarkeit des Definitionsbereichs der Folgen dieses etwas erleichtert. Grenzwerte sind entscheidender Bestandteil der Konzepte Stetigkeit (in Abschnitt 4.4), Differenzierbarkeit (in Abschnitt 5.1) und Integrierbarkeit von Funktionen (in Abschnitt 12.1). Es geht im folgenden darum, die Eigenschaft mancher Folgen zu formalisieren, daß ihre Folgenglieder sich für beliebig wachsenden Index n genau einer reellen Zahl a beliebig annähern und die Umgebung von a auch nicht mehr verlassen. Dazu wird zunächst der Hilfsbegriff der Umgebung definiert.

Definition 4.4 *Als* ε-**Umgebung** *von* $a \in \mathbb{R}$ *bezeichnet man*

$$\mathcal{U}_\varepsilon(a) = \{x \in \mathbb{R} \,|\, |x - a| < \varepsilon\} = \{x \in \mathbb{R} \,|\, a - \varepsilon < x < a + \varepsilon\}$$

$\mathcal{U}_\varepsilon^*(a) := \mathcal{U}_\varepsilon(a) \setminus \{a\}$ *heißt* **punktierte** ε-**Umgebung.**

Bemerkung 4.4 *Die punktierte ε-Umgebung wird etwa in Abschnitt 5.3 benötigt, wobei dort a eine Definitionslücke einer Funktion ist.*

Definition 4.5 *Eine Folge $(a_n)_{n\in\mathbb{N}}$ konvergiert gegen einen **Grenzwert** oder **Limes** $a \in \mathbb{R}$, wenn zu <u>jedem</u> (beliebig kleinen) $\varepsilon > 0$ ein (von ε abhängiges) n^* existiert, so daß $a_n \in \mathcal{U}_\varepsilon(a) \; \forall \, a_n$ mit $n > n^*$. Schreibweise:*

$$\lim_{n\to\infty} a_n = a$$

*Eine nicht konvergente Folge heißt **divergent**.*

Bemerkung 4.5 *Man beachte, daß die Folgenglieder für beliebig wachsenden Index n weder über alle Grenzen wachsen dürfen noch sich mehreren reellen Zahlen annähern dürfen. Im letzten Fall spricht man von einem Häufungspunkt:*

Definition 4.6 *Liegen für jedes $\varepsilon > 0$ unendlich viele (aber eventuell nicht alle) Folgenglieder in $\mathcal{U}_\varepsilon(a)$, so heißt $a \in \mathbb{R}$ **Häufungspunkt**.*

Bemerkung 4.6   1. *Ist a Grenzwert einer Folge $(a_n)_{n\in\mathbb{N}}$, so ist a auch ihr Häufungspunkt. Die Umkehrung gilt i.a. nicht, da es mehrere Häufungspunkte, aber nur einen Grenzwert geben kann.*

   2. *Da es sehr umständlich wäre, die eventuelle Konvergenz jeder Folge mit obiger Definition zu überprüfen, gibt es die folgenden Rechenregeln, die es u.a. gestatten, viele Folgen auf bekannte Konvergenzresultate wie*

$$\lim_{n\to\infty} \frac{1}{n} = 0 \quad oder \quad \lim_{n\to\infty} c = c$$

oder auf bekannte divergente Folgen wie $((-1)^n)_{n\in\mathbb{N}}$ oder $(n)_{n\in\mathbb{N}}$ zurückzuführen.

Satz 4.2 (Rechenregeln) *Seien $\lim_{n\to\infty} a_n = a$, $\lim_{n\to\infty} b_n = b$, $c \in \mathbb{R}$. Dann gelten:*

1. $\lim_{n\to\infty}(c \pm a_n) = c \pm \lim_{n\to\infty} a_n = c \pm a$

2. $\lim_{n\to\infty}(c \cdot a_n) = c \cdot \lim_{n\to\infty} a_n = c \cdot a$

3. $\lim_{n\to\infty}(a_n \pm b_n) = \lim_{n\to\infty} a_n \pm \lim_{n\to\infty} b_n = a \pm b$

4. $\lim_{n\to\infty}(a_n \cdot b_n) = (\lim_{n\to\infty} a_n) \cdot (\lim_{n\to\infty} b_n) = a \cdot b$

5. *Ist $b \neq 0$, so existiert ein $n^* \in \mathbb{N}$ mit $b_n \neq 0 \; \forall \, n > n^*$ und:*

$$\lim_{n\to\infty}\left(\frac{a_n}{b_n}\right) = \frac{\lim_{n\to\infty} a_n}{\lim_{n\to\infty} b_n} = \frac{a}{b}$$

6. $a_n > 0 \; \forall \, n \in \mathbb{N}, \; a > 0 \Rightarrow \lim_{n\to\infty}(a_n)^c = (\lim_{n\to\infty} a_n)^c = a^c$

7. $c > 0 \Rightarrow \lim_{n\to\infty} c^{a_n} = c^{\lim_{n\to\infty} a_n} = c^a$

Definition 4.7 *Sei* $(a_n)_{n \in \mathbf{N}}$ *eine Folge. Konvergiert die Folge* $(s_n)_{n \in \mathbf{N}}$ *der* **Partialsummen** $s_n := \sum_{i=1}^{n} a_i$ *gegen ein* $s \in \mathbf{R}$, *so bezeichnet man*

$$s = \lim_{n \to \infty} s_n = \lim_{n \to \infty} \sum_{i=1}^{n} a_i = \sum_{i=1}^{\infty} a_i$$

als **Grenzwert** *oder* **Limes** *der Reihe und nennt die Reihe* **konvergent**.

Von großer praktischer Bedeutung, z.B. bei der Multiplikatoranalyse in der Makroökonomik, ist auch der Grenzwert der geometrischen Reihe.

Satz 4.3   *1. Für die geometrische Reihe mit* $a_1 \neq 0$ *gilt*

$$s = \sum_{i=1}^{\infty} a_i = a_1 \frac{1}{1-k} \quad \text{für} \quad |k| < 1$$

Für $|k| \geq 1$ *ist die Reihe divergent.*

  2. Die arithmetische Reihe konvergiert nur für $a_1 = k = 0$.

Schließlich soll noch die Tatsache erwähnt werden, daß die Konvergenz einer Folge gegen Null notwendig, aber nicht hinreichend für die Konvergenz der zugehörigen Reihe ist.

Satz 4.4 *Für eine Folge* $(a_n)_{n \in \mathbf{N}}$ *gilt:* $\sum_{i=1}^{\infty} a_i$ *ist konvergent* $\Rightarrow \lim_{n \to \infty} a_n = 0$.

Bemerkung 4.7 *Die Umkehrung des Satzes ist i.a. falsch.*

4.3   Grenzwerte von Funktionen

Nun wird der in den nächsten Abschnitten wichtigere und viel reichhaltigere Fall der Grenzwerte bei Funktionen eingeführt. Zwar kann man die Urbilder einer beliebigen Funktion i.a. nicht abzählen, aber dennoch kann man auch hier fragen, wie sich die Funktionswerte verhalten, wenn die Argumente über alle Grenzen wachsen (oder fallen). Dazu kommt noch die Untersuchung des z.B. für die Definition der Stetigkeit und Differenzierbarkeit wichtigen Verhaltens der Funktionswerte, wenn die Urbilder sich einer Stelle im Definitionsbereich (oder einer Definitionslücke) nähern.

Definition 4.8 *Sei* $a \in \mathbf{R}$. *Eine Funktion* $f : [a, \infty) \to \mathbf{R}$ **konvergiert** *für* $x \to \infty$ *gegen den* **Grenzwert** y_0, *wenn für* jede *monoton steigende, nach oben unbeschränkte Folge* $(x_n)_{n \in \mathbf{N}}$ *die Folge der Funktionswerte* $(f(x_n))_{n \in \mathbf{N}}$ *gegen (stets denselben) Grenzwert* y_0 *konvergiert. Schreibweise:*

$$\lim_{x \to \infty} f(x) = y_0$$

Satz 4.5   *1. Eine Funktion* $f : [a, \infty) \to \mathbf{R}$ *konvergiert für* $x \to \infty$ *genau dann gegen den Grenzwert* y_0, *wenn zu jedem (beliebig kleinen)* $\varepsilon > 0$ *ein (von* ε *abhängiges)* x^* *existiert mit* $f(x) \in \mathcal{U}_{\varepsilon}(y_0) \ \forall \ x > x^*$.

  2. Eine Funktion $f : (-\infty, a] \to \mathbf{R}$ *konvergiert für* $x \to -\infty$ *genau dann gegen den Grenzwert* y_0, *wenn zu jedem (beliebig kleinen)* $\varepsilon > 0$ *ein (von* ε *abhängiges)* x^* *existiert mit* $f(x) \in \mathcal{U}_{\varepsilon}(y_0) \ \forall \ x < x^*$.

Bemerkung 4.8 *Die Grenzwertbegriffe bei Folgen und Funktionen sind miteinander verträglich.*

Jetzt läßt sich die Asymptote als Verallgemeinerung des Grenzwertbegriffs definieren.

Definition 4.9 *Eine Funktion* $f : \mathbf{R} \to \mathbf{R}$, $y = f(x)$ *besitzt die affin-lineare Funktion* $g(x) = a + bx$ *mit* $a, b \in \mathbf{R}$ *als* **Asymptote**, *wenn gilt:*

$$\lim_{x \to \infty} [f(x) - g(x)] = 0 \quad oder \quad \lim_{x \to -\infty} [f(x) - g(x)] = 0$$

Bemerkung 4.9   *1. Für* $b = 0$ *erhält man als (horizontale) Asymptote den Grenzwert von* $f(x)$.

2. Man bezeichnet auch Polstellen als (vertikale) Asymptoten.

Nachdem das Grenzwertkonzept vorgestellt ist, lassen sich die logistischen Funktionen sinnvoll vorstellen, die u.a. im Marketing und in der Statistik benötigt werden.

Definition 4.10 *Sei* $S > 0$ *und* $g : \mathbf{R} \to \mathbf{R}$ *eine streng monoton fallende und unbeschränkte Funktion. Dann heißt*

$$f : \mathbf{R} \to (0, S), \quad f(x) = \frac{S}{1 + \exp(g(x))}$$

logistische Funktion. S *wird oft* **Sättigungsniveau** *genannt.*

Bemerkung 4.10 *Seien* $S, b > 0$ *und* $a \in \mathbf{R}$. *Ein wichtiger Spezialfall ist*

$$f : \mathbf{R} \to (0, S), \quad f(x) = \frac{S}{1 + \exp(-\frac{x-a}{b})}$$

mit u.a. folgenden Eigenschaften:

- $\lim_{x \to -\infty} f(x) = 0$

- $\lim_{x \to \infty} f(x) = S$

Definition 4.11   *1. Eine reelle Funktion mit rechtsseitig (oder linksseitig) unbeschränktem Definitionsbereich heißt für* $x \to \infty$ *(oder* $x \to -\infty$) **divergent**, *wenn sie nicht konvergent ist.*

2. Eine divergente Funktion $f(x)$ *heißt* **bestimmt divergent** *mit einem* **uneigentlichen Grenzwert**, *wenn*

$$\lim_{x \to \infty} f(x) = \pm\infty \quad bzw. \quad \lim_{x \to -\infty} f(x) = \pm\infty$$

Sonst heißt $f(x)$ **unbestimmt divergent**.

Beim $\lim_{x \to \infty} f(x)$ wird nach dem Verhalten der Funktionswerte gefragt, wenn die Urbilder der Funktion sich dem Wert Unendlich beliebig nähern, ohne ihn selbst erreichen zu können (da Unendlich keine reelle Zahl ist). Diese Idee wird jetzt auf den $\lim_{x \to x_0} f(x)$ übertragen: Wie verhalten sich die Funktionswerte, wenn die Urbilder sich einer Stelle im Definitionsbereich (oder einer Definitionslücke) nähern, ohne diese zu erreichen? Dabei kann, etwa bei Unstetigkeit (siehe der nächste Abschnitt), durchaus $\lim_{x \to x_0} f(x) \neq f(x_0)$ gelten und es kann, z.B. bei Polstellen, Divergenz auftreten. Schließlich ist zu beachten, daß man sich einer reellen Zahl, anders als $\pm\infty$, von zwei Seiten nähern kann, und daß die beiden einseitigen Grenzwerte, etwa bei Sprungstellen, ungleich sein können.

Definition 4.12 *Die Funktion f sei in einer Umgebung von $x_0 \in \mathbf{R}$ definiert. Dabei darf diese Umgebung punktiert sein, und x_0 darf auch am Rand der Umgebung liegen.*

    1. y_0 heißt **linksseitiger Grenzwert** *der Funktion f für $x \to x_0$, wenn für <u>jede</u> monoton steigende, gegen x_0 konvergente Folge $(x_n)_{n \in \mathbf{N}}$ die Folge der Funktionswerte $(f(x_n))_{n \in \mathbf{N}}$ gegen (stets denselben) Grenzwert y_0 konvergiert. Schreibweise:*

$$\lim_{x \to x_0^-} f(x) = y_0$$

    2. y_0 heißt **rechtsseitiger Grenzwert** *der Funktion f für $x \to x_0$, wenn für <u>jede</u> monoton fallende, gegen x_0 konvergente Folge $(x_n)_{n \in \mathbf{N}}$ die Folge der Funktionswerte $(f(x_n))_{n \in \mathbf{N}}$ gegen (stets denselben) Grenzwert y_0 konvergiert. Schreibweise:*

$$\lim_{x \to x_0^+} f(x) = y_0$$

    3. Gilt

$$\lim_{x \to x_0^-} f(x) = \lim_{x \to x_0^+} f(x) = y_0$$

    so heißt

$$y_0 = \lim_{x \to x_0} f(x)$$

    Grenzwert *von f für $x \to x_0$. Man sagt dann, daß der Grenzwert* **existiert.**

    4. Gilt

$$\lim_{x \to x_0^-} f(x) = y_0 \neq y_1 = \lim_{x \to x_0^+} f(x),$$

    so heißt x_0 **Sprungstelle.**

Die folgenden Rechenregeln sind schon aus dem vorigen Abschnitt bekannt und ermöglichen wie dort häufig die Limes-Berechnung.

Satz 4.6 (Rechenregeln) *Die folgenden Regeln gelten für Grenzwerte von Funktionen für $x \to \infty$, für $x \to -\infty$ und auch für $x \to x_0$. Daher fehlt die Angabe unter dem lim-Zeichen.*
Seien $\lim f(x) = y_0$, $\lim g(x) = z_0$, $a, b \in \mathbf{R}$. Dann gelten:

    1. $\lim(a \cdot f(x) \pm b \cdot g(x)) = a \cdot \lim f(x) \pm b \cdot \lim g(x) = a \cdot y_0 \pm b \cdot z_0$

2. $\lim(f(x) \cdot g(x)) = (\lim f(x)) \cdot (\lim g(x)) = y_0 \cdot z_0$

3. Ist $z_0 \neq 0$, so existiert ein $x^* \in \mathbf{R}$ mit $g(x) \neq 0 \ \forall \ x > x^*$ (bzw. $x < x^*$) und:

$$\lim \frac{f(x)}{g(x)} = \frac{\lim f(x)}{\lim g(x)} = \frac{y_0}{z_0}$$

4. $f(x) > 0 \ \forall \ x \in D_f$, $y_0 > 0 \Rightarrow \lim(f(x))^a = (\lim f(x))^a = (y_0)^c$

5. $a > 0 \Rightarrow \lim a^{f(x)} = a^{\lim f(x)} = a^{y_0}$

Bemerkung 4.11 *Nach dem Studium des nächsten Abschnitts kann man sich den Satz einfach so merken: Für alle stetigen Funktionen sind Limesbildung und Funktionswertbildung vertauschbar.*

4.4 Stetigkeit

Die Definition der Stetigkeit soll formalisieren, daß man den Graphen einer Funktion zeichnen kann, 'ohne den Zeichenstift abzusetzen'. Dabei sind aber einige Schwierigkeiten zu bewältigen. Zunächst wird der Begriff **lokal**, d.h. in der Umgebung eines Punktes, definiert.

Definition 4.13 *1. Eine in einer Umgebung von $x_0 \in \mathbf{R}$ definierte Funktion f heißt* (lokal) **stetig** *in x_0, wenn*

    (a) $x_0 \in D_f$

    (b) $\lim_{x \to x_0} f(x)$ existiert

    (c) $\lim_{x \to x_0} f(x) = f(x_0)$

2. *Ist f in $x_0 \in D_f$ nicht stetig, so heißt x_0* **Unstetigkeitsstelle**.

3. *Eine Funktion heißt in $x_0 \in \mathbf{R}$* **stetig ergänzbar**, *wenn $\lim_{x \to x_0} f(x)$ existiert, aber $x_0 \notin D_f$ oder $\lim_{x \to x_0} f(x) \neq f(x_0)$*

Bemerkung 4.12 *1. Ist eine Funktion stetig ergänzbar in x_0, so wird sie durch $x_0 := \lim_{x \to x_0} f(x)$ lokal stetig in x_0. Stetige Ergänzbarkeit spielt eine wichtige Rolle bei der Definition der Ableitung in Abschnitt 5.1.*

2. *Sprungstellen sind Unstetigkeitsstellen, die nicht stetig ergänzbar sind.*

3. *Ist $x_0 \notin D_f$, so ist x_0 weder Stetigkeits- noch Unstetigkeitsstelle. Dies betrifft etwa Polstellen und behebbare Definitionslücken von rationalen Funktionen.*

4. *Behebbare Definitionslücken sind stetig ergänzbar, Polstellen nicht.*

Satz 4.7 *1. Polynome sind stetig auf $\mathbf{R}$.*

2. *Rationale Funktionen f sind stetig auf D_f.*

3. *Exponentialfunktionen sind stetig auf $\mathbf{R}$.*

4. Logarithmusfunktionen sind stetig auf $(0, \infty)$.

5. Sinus und Cosinus sind stetig auf **R**.

6. Tangens und Cotangens sind stetig auf $D_{\tan}$ bzw. $D_{\cot}$.

Der Begriff der lokalen Stetigkeit ist also zu schwach, um beispielsweise Polstellen zu erkennen. Das wird auch für die **globale** (d.h. im gesamten Definitionsbereich) Stetigkeit gelten, aber die Stetigkeit auf abgeschlossenen Intervallen erweist sich im folgenden als das gewünschte Instrument. Dazu muß zunächst die Stetigkeit in Randpunkten von abgeschlossenen Intervallen als Spezialfall der lokalen Stetigkeit definiert werden.

Definition 4.14   *1. Eine Funktion $f : [a, b] \to$ **R** heißt* **einseitig stetig**

(a) *in $x_0 = a$, wenn*

$$\lim_{x \to a^+} f(x) \quad \text{existiert und} \quad \lim_{x \to a^+} f(x) = f(a)$$

(b) *in $x_0 = b$, wenn*

$$\lim_{x \to b^-} f(x) \quad \text{existiert und} \quad \lim_{x \to b^-} f(x) = f(b)$$

*2. Eine Funktion $f : D_f \to$ **R** heißt*

(a) **auf $(a, b) \subseteq D_f$ stetig**, *wenn f in jedem $x_0 \in (a, b)$ stetig ist.*

(b) **auf $[a, b] \subseteq D_f$ stetig**, *wenn f auf (a, b) stetig und in a und b einseitig stetig ist.*

(c) **global stetig**, *wenn f in jedem $x_0 \in D_f$ stetig ist.*

Bemerkung 4.13 *Eine rationale Funktion f mit einer Polstelle x_0 ist zwar global stetig, aber nicht stetig auf Intervallen $[a, b]$ mit $x_0 \in [a, b]$, da dann $[a, b] \not\subseteq D_f$.*

Satz 4.8   *1. Sind zwei Funktionen f und g stetig auf $[a, b]$, so sind auch $f + g$, $f - g$ und $f \cdot g$ stetig auf $[a, b]$. Gilt zudem $g(x) \neq 0 \ \forall \ x \in [a, b]$, so ist auch f/g stetig auf $[a, b]$.*

2. Ist eine Funktion f stetig auf $[a, b]$, eine Funktion g stetig auf $[c, d]$ und außerdem $W_f \subseteq [c, d]$, so ist auch $g \circ f$ stetig auf $[a, b]$.

Satz 4.9   *1. Ist eine Funktion f stetig auf $[a, b]$, so ist f auf $[a, b]$ beschränkt.*

*2. (**Extremwertsatz von Weierstraß**) Ist eine Funktion f stetig auf $[a, b] \neq \emptyset$, so existieren $x', x'' \in [a, b]$ mit*

$$f(x') = \sup_{x \in [a,b]} f(x) \quad \text{und} \quad f(x'') = \inf_{x \in [a,b]} f(x)$$

*3. (**Zwischenwertsatz von Bolzano**) Ist eine Funktion f stetig auf $[a, b] \neq \emptyset$, so existiert für jedes y zwischen $f(a)$ und $f(b)$ ein $x' \in [a, b]$ mit $y = f(x')$.*

4. (**Nullstellensatz**) *Ist f stetig auf $[a, b] \neq \emptyset$ und haben $f(a)$ und $f(b)$ verschiedene Vorzeichen, so besitzt f in $[a, b]$ mindestens eine Nullstelle.*

Bemerkung 4.14 *Zu den vier berühmten Aussagen des obigen Satzes, die aus der Stetigkeit einer Funktion auf <u>abgeschlossenen</u> Intervallen folgen, nun Anmerkungen (in gleicher Reihenfolge):*

1. *Anschauung: Ist f stetig auf einem Intervall mit den Randpunkten, so kann f nicht beliebig wachsen.*

2. *Man sagt: f **nimmt** Supremum und Infimum **an**.*

3. *Natürlich können Funktionswerte mehrfach angenommen werden, und es können auch Werte angenommen werden, die nicht zwischen $f(a)$ und $f(b)$ liegen. Aber, wenn f stetig ist, können zwischen $f(a)$ und $f(b)$ keine Werte übersprungen werden.*

4. *Das ist ein Spezialfall der vorigen Aussage.*

Kapitel 5

Differentialrechnung

Wir kommen nun zu einem zentralen Kapitel des Vorkurses, denn erst die sichere Beherrschung der Differentialrechnung ermöglicht die Anwendung der Methoden der Analysis.

5.1 Grundlagen

Zunächst wird mit dem Differenzenquotienten als Quotient der Änderung der Funktionswerte zur Änderung der Urbilder ein Steigungsmaß für Funktionen eingeführt, das zudem wesentlicher Bestandteil der Ableitung ist.

Definition 5.1 *Sei $f : D_f \to \mathbf{R}$ eine Funktion. Seien $x, x_0 \in D_f$ mit $\Delta x := x - x_0 \neq 0$ und $\Delta y := f(x) - f(x_0)$. Dann heißt*

$$\frac{\Delta y}{\Delta x} = \frac{f(x_0 + \Delta x) - f(x_0)}{\Delta x} = \frac{f(x) - f(x_0)}{x - x_0}$$

Differenzenquotient *von f in x_0.*

Bemerkung 5.1   *1. Bei einer affin-linearen Funktion $f : \mathbf{R} \to \mathbf{R}$, $f(x) = a + bx$ ist der Differenzenquotient konstant mit*

$$\frac{\Delta y}{\Delta x} = b = \tan(\alpha)$$

*wobei α der **Steigungswinkel** ist.*

2. Bei anderen Funktionen variiert der Differenzenquotient i.a. mit der Stelle x_0 und der Differenz Δx.

*3. Betrachtet man den Differenzenquotienten von f bei festem x_0 für alle $x \in D_f$, so erhält man eine 'Differenzenquotientenfunktion'. Diese ist an der Stelle x_0 zwar **unbestimmt**, da von der Form $\frac{0}{0}$, aber stetig ergänzbar, wenn f dort differenzierbar ist.*

Definition 5.2   *1. Die Funktion $f : D_f \to \mathbf{R}$ heißt **differenzierbar** in $x_0 \in D_f$, wenn x_0 **innerer Punkt** (d.h. nicht am **Rand**) von D_f ist und*

$$f'(x_0) := \lim_{\Delta x \to 0} \frac{\Delta y}{\Delta x} = \lim_{\Delta x \to 0} \frac{f(x_0 + \Delta x) - f(x_0)}{\Delta x} = \lim_{x \to x_0} \frac{f(x) - f(x_0)}{x - x_0}$$

existiert. Der Limes des Differenzenquotienten heißt **Differentialquotient** *von f in x_0.*

$$f'(x_0) = \frac{d}{dx} f(x) \Big|_{x=x_0} = \frac{dy}{dx} \Big|_{x=x_0}$$

heißt **Ableitung** *oder* **Steigung** *von f in x_0. Leseweise: 'f Strich von x an der Stelle x Null' bzw. 'd nach dx von f von x an der Stelle x Null' usw.*

2. *Ist eine Funktion f in $x_0 \in D_f$ differenzierbar, so heißt die Gerade durch $(x_0, f(x_0))$ mit der Steigung $f'(x_0)$* **Tangente** *an den Graphen von f in $(x_0, f(x_0))$ mit der Funktionsgleichung:*

$$y = f(x_0) + f'(x_0) \cdot (x - x_0)$$

Bemerkung 5.2 *Eine Tangente an f in $(x_0, f(x_0))$ kann an Stellen $x \neq x_0$ sehr wohl den Graphen von f schneiden.*

Da es sehr umständlich wäre, alle Ableitungen über obige Definition ermitteln zu müssen, gibt es Rechenregeln, die im nächsten Abschnitt ausführlich diskutiert werden. Hier soll zunächst die Eigenschaft der Differenzierbarkeit noch etwas näher untersucht werden. Dazu ist es nützlich, einseitige Differenzierbarkeit einzuführen.

Definition 5.3   1. *Die Funktion $f : D_f \to \mathbf{R}$ heißt* **linksseitig differenzierbar** *in $x_0 \in D_f$, wenn*

$$f'_l(x_0) := \lim_{\substack{\Delta x \to 0 \\ \Delta x < 0}} \frac{f(x_0 + \Delta x) - f(x_0)}{\Delta x} = \lim_{x \to x_0^-} \frac{f(x) - f(x_0)}{x - x_0}$$

existiert. Man nennt $f'_l(x_0)$ die **linksseitige Ableitung** *von f in x_0.*

2. *Die Funktion $f : D_f \to \mathbf{R}$ heißt* **rechtsseitig differenzierbar** *in $x_0 \in D_f$, wenn*

$$f'_r(x_0) := \lim_{\substack{\Delta x \to 0 \\ \Delta x > 0}} \frac{f(x_0 + \Delta x) - f(x_0)}{\Delta x} = \lim_{x \to x_0^+} \frac{f(x) - f(x_0)}{x - x_0}$$

existiert. Man nennt $f'_r(x_0)$ die **rechtsseitige Ableitung** *von f in x_0.*

Satz 5.1   1. *Eine Funktion f ist genau dann differenzierbar in $x_0 \in D_f$, wenn f in x_0 links- und rechtsseitig differenzierbar ist und $f'_l(x_0) = f'_r(x_0)$ gilt.*

2. *Ist eine Funktion f differenzierbar in $x_0 \in D_f$, so ist sie auch stetig in x_0.*

Bemerkung 5.3 *Die Umkehrung der letzten Aussage gilt i.a. nicht. Differenzierbarkeit ist also eine stärkere Eigenschaft als Stetigkeit. Differenzierbarkeit verlangt neben Stetigkeit 'Glattheit' (keine Knicke) und 'endliche Steigung'.*

Definition 5.4   1. *Der* **Differenzierbarkeitsbereich** $D_{f'} \subseteq D_f$ *ist die Menge aller $x \in D_f$, in denen f differenzierbar ist.*

2. *Die* **Ableitungsfunktion**, *in der Ökonomie auch* **Grenzfunktion** *genannt, ist*

$$f' : D_{f'} \to \mathbf{R}, \quad f'(x) = \frac{d}{dx} f(x)$$

3. *Ist die Ableitungsfunktion f' stetig über $D_{f'}$, so heißt f* **stetig differenzierbar.**

Bemerkung 5.4 *Man unterscheide zwischen der Ableitungsfunktion $f'(x)$ und der Ableitung $f'(x_0) \in \mathbf{R}$ (einem Funktionswert) an einer Stelle x_0.*

5.2 Ableitungsregeln

Der zentrale Abschnitt des zentralen Kapitels des Vorkurses beginnt mit zwei trivialen und altbekannten Aussagen.

Satz 5.2   *1.* $f : \mathbf{R} \to \mathbf{R}$, $f(x) = c$, $c \in \mathbf{R} \Rightarrow f'(x) = 0$

2. $f : \mathbf{R} \to \mathbf{R}$, $f(x) = x^r$, $r \in \mathbf{Q} \Rightarrow f'(x) = rx^{r-1}$

Im folgenden Satz seien vor allem die Regeln 3 bis 5 hervorgehoben, und von diesen wiederum noch einmal die sehr oft verwendete und (trotz ihres Aussehens) sehr einfache Kettenregel. Die Quotientenregel kann man gelegentlich durch die Kettenregel umgehen, was wegen der Umständlichkeit der ersten meist auch zu empfehlen ist. Die Umkehrfunktionsregel wird relativ selten gebraucht.

Satz 5.3 *Ab jetzt gelte:* $f : D_{f'} \to \mathbf{R}$, $g : D_{g'} \to \mathbf{R}$, $D' := D_{f'} \cap D_{g'}$ *und* $D^* := \{x \in D' \,|\, g(x) \neq 0\}.$

1. **Faktorregel:**
$$h : D_{f'} \to \mathbf{R}, \quad h(x) := c \cdot f(x) \quad \Rightarrow \quad h'(x) = c \cdot f'(x)$$

2. **Summenregel:**
$$h : D' \to \mathbf{R}, \quad h(x) := f(x) + g(x) \quad \Rightarrow \quad h'(x) = f'(x) + g'(x)$$

3. **Produktregel:**
$$h : D' \to \mathbf{R}, \quad h(x) := f(x) \cdot g(x) \quad \Rightarrow \quad h'(x) = f'(x) \cdot g(x) + f(x) \cdot g'(x)$$

4. **Quotientenregel:**
$$h : D^* \to \mathbf{R}, \quad h(x) := \frac{f(x)}{g(x)} \quad \Rightarrow \quad h'(x) = \frac{f'(x) \cdot g(x) - f(x) \cdot g'(x)}{(g(x))^2}$$

5. **Kettenregel:**
$$W_{f'} \subseteq D_{g'}, \quad h : D_{f'} \to \mathbf{R}, \quad h(x) := g(f(x)) \quad \Rightarrow \quad h'(x) = g'(f(x)) \cdot f'(x)$$

   Dabei heißt $g(\cdot)$ **äußere Funktion**, $f(x)$ **innere Funktion**, $g'(\cdot)$ **äußere Ableitung** *und* $f'(x)$ **innere Ableitung**. *Daher lautet hier der einfache Merksatz: 'Äußere mal innere'.*

6. **Umkehrfunktionsregel:** *Sei* f *invertierbar auf* $A \subseteq D_{f'}$. *Dann gilt:*
$$f^{-1} : \{f(x) \,|\, x \in A\} \to A \quad und \quad \frac{d}{dy} f^{-1}(y) = \frac{1}{f'(f^{-1}(y))} = \frac{1}{f'(x)}\bigg|_{x = f^{-1}(y)}$$

Der folgende Satz hält fest, daß alle in Kapitel 3 studierten elementaren Funktionenklassen auf ihren Definitionsbereichen differenzierbar sind.

Satz 5.4   *1. Polynome sind differenzierbar auf* $\mathbf{R}$.

2. *Rationale Funktionen f sind differenzierbar auf* D_f.

3. *Exponentialfunktionen sind differenzierbar auf* $\mathbf{R}$.

4. *Logarithmusfunktionen sind differenzierbar auf* $(0, \infty)$.

5. *Sinus und Cosinus sind differenzierbar auf* $\mathbf{R}$.

6. *Tangens und Cotangens sind differenzierbar auf* $D_{\tan}$ *bzw.* $D_{\cot}$.

Bemerkung 5.5 *Von den folgenden Ableitungen sollte man sich die in den Zeilen 1, 2, 5 und 7 merken. Zeile 9 ist weniger wichtig. Die Zeilen 3 und 4 lassen sich, falls erforderlich, mit der Funktionsdefinition, der Quotientenregel und dem Satz von Pythagoras (s. Abschnitt 3.4) berechnen, ebenso Zeile 8 aus Zeile 7 mit Hilfe des Basiswechsels aus Abschnitt 3.3. Bei Zeile 6 hilft folgende Umformung:*

$$a^x = \exp(\ln(a^x)) = \exp(x \cdot \ln(a))$$

Satz 5.5 *Die Ableitungen wichtiger transzendenter Funktionen:*

	$f(x)$	Bedingungen	$D_{f'}$	$f'(x)$
1	$\sin(x)$		$\mathbf{R}$	$\cos(x)$
2	$\cos(x)$		$\mathbf{R}$	$-\sin(x)$
3	$\tan(x)$		$D_{\tan}$	$\dfrac{1}{(\cos(x))^2}$
4	$\cot(x)$		$D_{\cot}$	$\dfrac{-1}{\sin(x))^2}$
5	e^x		$\mathbf{R}$	e^x
6	a^x	$a > 0,\ a \neq 1$	$\mathbf{R}$	$a^x \cdot \ln(a)$
7	$\ln(x)$		$(0, \infty)$	$\frac{1}{x}$
8	$\log_a(x)$	$a > 0,\ a \neq 1$	$(0, \infty)$	$\frac{1}{x \cdot \ln(a)}$
9	x^x		$(0, \infty)$	$(1 + \ln(x))x^x$

Wegen der großen Bedeutung der Exponential- und der Logarithmusfunktion seien die folgenden einfach zu berechnenden Resultate noch einmal gesondert aufgeführt:

Satz 5.6 *Sei g eine Funktion. Dann folgt aus der Kettenregel und dem vorigen Satz:*

1. $h : D_{g'} \to \mathbf{R},\ h(x) := \exp(g(x)) \Rightarrow \frac{d}{dx}\exp(g(x)) = g'(x) \cdot \exp(g(x))$

2. $h : D_{g'} \cap (0, \infty) \to \mathbf{R},\ h(x) := \ln(g(x)) \Rightarrow \frac{d}{dx}\ln(g(x)) = \dfrac{g'(x)}{g(x)}$

Schließlich werden höhere Ableitungen eingeführt, die etwa für hinreichende Bedingungen in der Optimierung in Abschnitt 11.3 benötigt werden.

Bemerkung 5.6 *Die Ableitungsfunktion f' einer Funktion f ist selbst eine Funktion, also eventuell auch differenzierbar. Daher ist die folgende Definition sinnvoll:*

Definition 5.5 *Ist $f' : D_{f'} \to \mathbf{R}$ in $x_0 \in D_{f'}$ differenzierbar, so heißt*

$$f''(x) = f^{(2)}(x) := \frac{d}{dx} f'(x)$$

zweite Ableitung. *Entsprechend definiert man für $n = 3, 4, \ldots$ die* **n-te Ableitung**

$$f^{(n)} := \frac{d}{dx} f^{(n-1)}(x)$$

Schreibweise:

$$
\begin{array}{rclcl}
f(x) & = & f^{(0)}(x) & & \\
f'(x) & = & f^{(1)}(x) & = & \frac{d}{dx} f(x) \\
f''(x) & = & f^{(2)}(x) & = & \frac{d^2}{dx^2} f(x) \\
\vdots & & \vdots & & \vdots \\
& & f^{(n)}(x) & = & \frac{d^n}{dx^n} f(x)
\end{array}
$$

Bemerkung 5.7 *n kann beliebig groß werden. Man nennt dann f* **unendlich oft differenzierbar.**

5.3 Regel von de l'Hôpital

Bei der Herleitung der Formel für die stetige Verzinsung in der Finanzmathematik oder bei der Beschreibung der Zusammenhänge der zwei bekanntesten ökonomischen Funktionen in Abschnitt 10.1 treten unbestimmte Ausdrücke auf, die durch die Regel von de l'Hôpital bestimmt werden können.

Satz 5.7 (Typ $\frac{0}{0}$)   *1. Seien die Funktionen f und g in einer Umgebung $\mathcal{U}_\varepsilon(x_0)$ von $x_0 \in \mathbf{R}$ differenzierbar mit $g'(x) \neq 0$ in $\mathcal{U}_\varepsilon^*(x_0)$. Ist*

$$\lim_{x \to x_0} f(x) = \lim_{x \to x_0} g(x) = 0 \quad \text{und existiert} \quad \lim_{x \to x_0} \frac{f'(x)}{g'(x)}$$

als endlicher oder eventuell uneigentlicher Grenzwert, so gilt:

$$\lim_{x \to x_0} \frac{f(x)}{g(x)} = \lim_{x \to x_0} \frac{f'(x)}{g'(x)}$$

2. Sei $a > 0$ und seien die Funktionen f und g $\forall x > a$ differenzierbar mit $g'(x) \neq 0$ $\forall x > a$. Ist

$$\lim_{x \to \infty} f(x) = \lim_{x \to \infty} g(x) = 0 \quad \text{und existiert} \quad \lim_{x \to \infty} \frac{f'(x)}{g'(x)}$$

als endlicher oder eventuell uneigentlicher Grenzwert, so gilt:

$$\lim_{x \to \infty} \frac{f(x)}{g(x)} = \lim_{x \to \infty} \frac{f'(x)}{g'(x)}$$

3. *Sei $b < 0$ und seien die Funktionen f und g $\forall x < b$ differenzierbar mit $g'(x) \neq 0$ $\forall x < b$. Ist*

$$\lim_{x \to -\infty} f(x) = \lim_{x \to -\infty} g(x) = 0 \quad \text{und existiert} \quad \lim_{x \to -\infty} \frac{f'(x)}{g'(x)}$$

als endlicher oder eventuell uneigentlicher Grenzwert, so gilt:

$$\lim_{x \to -\infty} \frac{f(x)}{g(x)} = \lim_{x \to -\infty} \frac{f'(x)}{g'(x)}$$

Bemerkung 5.8   *1. Obwohl hier Quotienten von Funktionen vorliegen, wird trotzdem <u>nicht</u> die Quotientenregel der Differentialrechnung angewendet.*

2. *Die Quotienten sind zwar unbestimmt (Typ $\frac{0}{0}$), aber – bei erfolgreicher Anwendung der Regel von de l'Hôpital – stetig ergänzbar in x_0. x_0 ist dann eine behebbare Definitionslücke.*

3. *Falls nach der Anwendung des Satzes wiederum ein unbestimmter Ausdruck vom Typ $\frac{0}{0}$ entsteht, kann der Satz auch zweimal (oder noch häufiger) angewendet werden (nach erneuter Prüfung der Voraussetzungen).*

Satz 5.8 (Typ $\frac{\infty}{\infty}$)   *1. Seien die Funktionen f und g in einer Umgebung $\mathcal{U}_\varepsilon^*(x_0)$ von $x_0 \in \mathbf{R}$ differenzierbar mit $g'(x) \neq 0$ in $\mathcal{U}_\varepsilon^*(x_0)$. Ist*

$$\lim_{x \to x_0} f(x) = \lim_{x \to x_0} g(x) = \pm\infty \quad \text{und existiert} \quad \lim_{x \to x_0} \frac{f'(x)}{g'(x)}$$

als endlicher oder eventuell uneigentlicher Grenzwert, so gilt:

$$\lim_{x \to x_0} \frac{f(x)}{g(x)} = \lim_{x \to x_0} \frac{f'(x)}{g'(x)}$$

2. *Sei $a > 0$ und seien die Funktionen f und g $\forall x > a$ differenzierbar mit $g'(x) \neq 0$ $\forall x > a$. Ist*

$$\lim_{x \to \infty} f(x) = \lim_{x \to \infty} g(x) = \pm\infty \quad \text{und existiert} \quad \lim_{x \to \infty} \frac{f'(x)}{g'(x)}$$

als endlicher oder eventuell uneigentlicher Grenzwert, so gilt:

$$\lim_{x \to \infty} \frac{f(x)}{g(x)} = \lim_{x \to \infty} \frac{f'(x)}{g'(x)}$$

3. *Sei $b < 0$ und seien die Funktionen f und g $\forall x < b$ differenzierbar mit $g'(x) \neq 0$ $\forall x < b$. Ist*

$$\lim_{x \to -\infty} f(x) = \lim_{x \to -\infty} g(x) = \pm\infty \quad \text{und existiert} \quad \lim_{x \to -\infty} \frac{f'(x)}{g'(x)}$$

als endlicher oder eventuell uneigentlicher Grenzwert, so gilt:

$$\lim_{x \to -\infty} \frac{f(x)}{g(x)} = \lim_{x \to -\infty} \frac{f'(x)}{g'(x)}$$

Bemerkung 5.9 *Unbestimmte Ausdrücke vom Typ $0 \cdot \infty$, 1^∞, 0^0, ∞^0 und $\infty - \infty$ kann man durch stetige Transformationen auf Ausdrücke vom Typ $\frac{0}{0}$ oder $\frac{\infty}{\infty}$ transformieren und dann mit obigen Sätzen bearbeiten.*

Teil II

Lineare Algebra

Kapitel 6

Vektorrechnung

6.1 Vektoren

In vielen Teilen der Ökonomie gibt es Sachverhalte, die nur durch die Angabe mehrerer Maßzahlen ausreichend beschrieben werden können. Ebenso gibt es viele ökonomische Variablen, die in ähnlicher Weise bei verschiedenen Individuen, Firmen, Haushalten, Ländern, etc. beobachtet werden können. In beiden Situationen ist es praktisch, diese zusammengehörigen Einzelgrößen zu Paaren, Tripeln oder allgemein n-Tupeln zusammenzufassen, was in diesem Abschnitt formalisiert wird.

Definition 6.1   *1. Eine Zahl $r \in \mathbf{R}$ heißt* **Skalar***.*

2. Seien $x_1, \ldots, x_n \in \mathbf{R}$. Dann heißt das geordnete n-Tupel

$$\mathbf{x} := \begin{pmatrix} x_1 \\ \vdots \\ x_n \end{pmatrix}$$

(n-dimensionaler) (Spalten-)Vektor $\mathbf{x} \in \mathbf{R}^n$ *und*

$$\mathbf{x}^T := (x_1, \ldots, x_n)$$

(n-dimensionaler) Zeilenvektor *mit den n* **Komponenten** $x_1, \ldots, x_n$.

Bemerkung 6.1   *1. Ein Vektor definiert geometrisch einen* **Punkt** *im $\mathbf{R}^n$, die Komponenten definieren die* **Koordinaten** *dieses Punktes.*

2. $\mathbf{x}^T$ heißt der zu $\mathbf{x}$ **transponierte** *Vektor. Die Transposition wird erst im nächsten Kapitel größere Bedeutung erlangen.*

Definition 6.2 *Für zwei Vektoren $\mathbf{x}, \mathbf{y} \in \mathbf{R}^n$ gilt:*

$$\begin{aligned}
\mathbf{x} = \mathbf{y} \ &:\Longleftrightarrow\ x_i = y_i \ \ \forall\, i = 1, \ldots, n \\
\mathbf{x} \neq \mathbf{y} \ &:\Longleftrightarrow\ x_i \neq y_i \ \ \text{für mindestens ein}\ \ i \in \{1, \ldots, n\} \\
\mathbf{x} \leq \mathbf{y} \ &:\Longleftrightarrow\ x_i \leq y_i \ \ \forall\, i = 1, \ldots, n \\
\mathbf{x} < \mathbf{y} \ &:\Longleftrightarrow\ x_i < y_i \ \ \forall\, i = 1, \ldots, n
\end{aligned}$$

Bemerkung 6.2 *Man beachte, daß der Vergleich nur für Vektoren gleicher Dimension definiert ist und daß mathematische Vergleichbarkeit noch nichts über den ökonomischen Gehalt des Vergleichs aussagt.*

Definition 6.3   *1.* $\mathbf{0} := \begin{pmatrix} 0 \\ \vdots \\ 0 \end{pmatrix}$ *heißt* **Nullvektor***.*

2. $\mathbf{1} := \begin{pmatrix} 1 \\ \vdots \\ 1 \end{pmatrix}$ *heißt* **Einsvektor** *oder* **summierender Vektor***.*

3. $\mathbf{e}_i := \begin{pmatrix} 0 \\ \vdots \\ 0 \\ 1 \\ 0 \\ \vdots \\ 0 \end{pmatrix}$ *mit der 1 in der i-ten Komponente heißt* **i-ter Einheitsvektor***.*

Bemerkung 6.3 *Die Bedeutung des Nullvektors wird im nächsten Abschnitt erläutert, die des Einsvektors in Abschnitt 6.3 und die der sehr wichtigen Einheitsvektoren in Abschnitt 6.5.*

6.2   Vektorverknüpfungen

Manche Schwierigkeit mit der linearen Algebra mag darin begründet sein, daß man von den reellen Zahlen gewohnte Rechenregeln nicht immer einfach auf Vektoren oder Matrizen übertragen darf. Die Addition und Subtraktion von Vektoren, die in diesem Abschnitt betrachtet werden, machen keine Probleme – im Gegensatz zur Multiplikation oder gar Division.

Definition 6.4 *Seien* $\mathbf{x}, \mathbf{y} \in \mathbf{R}^n$ *und* $r \in \mathbf{R}$*. Dann definiert man*

1. die **Multiplikation mit einem Skalar** *als Abbildung*

$$\cdot : \mathbf{R} \times \mathbf{R}^n \to \mathbf{R}^n, \quad r\mathbf{x} := \begin{pmatrix} rx_1 \\ \vdots \\ rx_n \end{pmatrix}$$

2. und die **Addition** *als Abbildung*

$$+ : \mathbf{R}^n \times \mathbf{R}^n \to \mathbf{R}^n, \quad \mathbf{x} + \mathbf{y} := \begin{pmatrix} x_1 + y_1 \\ \vdots \\ x_n + y_n \end{pmatrix}$$

Bemerkung 6.4 *Die Addition zweier Vektoren ist nur definiert für Vektoren gleicher Dimension. Und auch hier folgt aus mathematischer Möglichkeit nicht unbedingt ökonomischer Gehalt.*

Satz 6.1 *Seien* $x, y, z \in \mathbf{R}^n$ *und* $r, r_1, r_2 \in \mathbf{R}$. *Dann gelten folgende Rechenregeln*

1. *für die Multiplikation mit Skalaren:*

   (a) **Abgeschlossenheit:** $rx \in \mathbf{R}^n$

   (b) **Assoziativgesetz:** $r_1(r_2 x) = (r_1 r_2)x$

   (c) $1x = x$

   (d) **1. Distributivgesetz:** $(r_1 + r_2)x = r_1 x + r_2 x$

   (e) **2. Distributivgesetz:** $r(x + y) = rx + ry$

2. *für die Addition:*

   (a) **Abgeschlossenheit:** $x + y \in \mathbf{R}^n$

   (b) **Assoziativgesetz:** $x + (y + z) = (x + y) + z$

   (c) *Existenz des* **neutralen Elements:** *Für den Nullvektor gilt:* $0 + x = x + 0 = x$

   (d) *Existenz des* **inversen Elements:** *Für jedes* $x \in \mathbf{R}$ *gibt es ein inverses Element* $-x$ *mit:* $x + (-x) = 0$.

   (e) **Kommutativgesetz:** $x + y = y + x$

Bemerkung 6.5 *1. Für die* **Differenz** *der Vektoren* $x + (-y)$ *schreibt man einfacher* $x - y$.

2. *Man sagt, daß der* $\mathbf{R}^n$ *bezüglich der Vektoraddition mit obigen Rechenregeln eine* **Abelsche Gruppe** *ist. Man kann daher Vektoren addieren und subtrahieren wie reelle Zahlen. Das gilt nicht für die Multiplikation oder gar Division!*

3. *Man sagt, daß der* $\mathbf{R}^n$ *mit der Vektoraddition und der Multiplikation mit Skalaren mit obigen Rechenregeln einen* **Vektorraum** *darstellt. Im Abschnitt 6.4 sind wir in der Lage, diesen abstrakten Begriff mit etwas mehr Anschaulichkeit zu versehen.*

6.3 Skalarprodukte

Es ist aus fundamentalen mathematischen Gründen unmöglich, im $\mathbf{R}^n$ mit beliebigem n eine Multiplikation von Vektoren zu definieren, die als Ergebnis ebenfalls einen Vektor liefert und alle von den reellen Zahlen bekannten Rechenregeln aufweist. Das in diesem Abschnitt vorgestellte Skalarprodukt ist einfach die nützlichste Definition eines Produkts von Vektoren, da es die Messung von Längen und Abständen von Vektoren und die Messung von Winkeln zwischen Vektoren ermöglicht.

Definition 6.5 *Seien* $x, y \in \mathbf{R}^n$. *Dann definiert man das* **Skalarprodukt** *oder* **innere Produkt**

$$<\cdot, \cdot>: \mathbf{R}^n \times \mathbf{R}^n \to \mathbf{R}, \quad <x, y> = x^T y := \sum_{i=1}^{n} x_i y_i$$

Bemerkung 6.6   *1. Das Skalarprodukt(ergebnis) ist ein Skalar:* $< \mathbf{x}, \mathbf{y} > \in \mathbf{R}$.

2. *Für dem Einsvektor oder summierenden Vektor aus Abschnitt 6.1 und ein beliebiges* $\mathbf{x} \in \mathbf{R}^n$ *gilt:*

$$< \mathbf{x}, \mathbf{1} > = \sum_{i=1}^{n} x_i$$

Satz 6.2 *Seien* $\mathbf{x}, \mathbf{y}, \mathbf{z} \in \mathbf{R}^n$ *und* $r \in \mathbf{R}$. *Dann gelten folgende Rechenregeln:*

1. **Bilinearität:**

    (a) $< \mathbf{x} + \mathbf{y}, \mathbf{z} > = < \mathbf{x}, \mathbf{z} > + < \mathbf{y}, \mathbf{z} >$

    (b) $< \mathbf{x}, \mathbf{y} + \mathbf{z} > = < \mathbf{x}, \mathbf{y} > + < \mathbf{x}, \mathbf{z} >$

    (c) $r < \mathbf{x}, \mathbf{y} > = < r\mathbf{x}, \mathbf{y} > = < \mathbf{x}, r\mathbf{y} >$

2. **Symmetrie:** $< \mathbf{x}, \mathbf{y} > = < \mathbf{y}, \mathbf{x} >$

3. **Positive Definitheit:**

    (a) $< \mathbf{x}, \mathbf{x} > \geq 0$

    (b) $< \mathbf{x}, \mathbf{x} > = 0 \iff \mathbf{x} = \mathbf{0}$

Ein Vektor setzt sich anschaulich gesprochen aus Richtung und Länge zusammen. Die Länge ergibt sich aus dem Satz von Pythagoras:

Definition 6.6 *Sei* $\mathbf{x} \in \mathbf{R}^n$.

1. *Dann heißt*

$$|\cdot| : \mathbf{R}^n \to \mathbf{R}_+, \quad |\mathbf{x}| := \sqrt{< \mathbf{x}, \mathbf{x} >} = \sqrt{\sum_{i=1}^{n} x_i^2}$$

    Betrag *oder* **Länge** *oder* **(euklidische) Norm** *von* $\mathbf{x}$.

2. *Gilt* $|\mathbf{x}| = 1$, *so nennt man* $\mathbf{x}$ **normiert**.

Satz 6.3 *Seien* $\mathbf{x}, \mathbf{y} \in \mathbf{R}^n$ *und* $r \in \mathbf{R}$. *Dann gelten folgende Rechenregeln:*

1. $|\mathbf{x}| = 0 \iff \mathbf{x} = \mathbf{0}$

2. $|r\mathbf{x}| = |r||\mathbf{x}|$

3. **Dreiecksungleichung:** $|\mathbf{x} + \mathbf{y}| \leq |\mathbf{x}| + |\mathbf{y}|$

Bemerkung 6.7   *1. Jeder Vektor* $\mathbf{x} \in \mathbf{R}^n$ *mit* $\mathbf{x} \neq \mathbf{0}$ *läßt sich durch Multiplikation mit* $1/|\mathbf{x}|$ *normieren.*

2. *Für jeden Einheitsvektor* $\mathbf{e}_i$ *in jedem* $\mathbf{R}^n$ *gilt:* $|\mathbf{e}_i| = 1$

Z.B. bei sogenannten multivariaten Verfahren, die etwa im Marketing verwendet werden, spielen Distanzen zwischen Vektoren als Maß der Unterscheidbarkeit ökonomischer Einheiten eine wichtige Rolle. Man definiert Distanzen einfach nach dem Satz von Pythagoras als Länge der Vektordifferenz:

Definition 6.7 *Sei* $\mathbf{x} \in \mathbf{R}^n$. *Dann heißt*

$$d : \mathbf{R}^n \times \mathbf{R}^n \to \mathbf{R}_+, \quad d(\mathbf{x}, \mathbf{y}) := |\mathbf{x} - \mathbf{y}| = \sqrt{(x_1 - y_1)^2 + \ldots + (x_n - y_n)^2}$$

Abstand *oder* **Distanz** *von* $\mathbf{x}$ *und* $\mathbf{y}$.

Satz 6.4 *Mit* $\mathbf{x}, \mathbf{y}, \mathbf{z} \in \mathbf{R}^n$ *gelten folgende Regeln:*

1. $d(\mathbf{x}, \mathbf{y}) = 0 \iff \mathbf{x} = \mathbf{y}$

2. **Symmetrie:** $d(\mathbf{x}, \mathbf{y}) = d(\mathbf{y}, \mathbf{x})$

3. **Dreiecksungleichung:** $d(\mathbf{x}, \mathbf{z}) \leq d(\mathbf{x}, \mathbf{y}) + d(\mathbf{y}, \mathbf{z})$

U.a. bei der Wahl geeigneter Basen (siehe die Abschnitte 6.5 und 9.3) benötigt man Informationen über den Winkel zwischen zwei Vektoren.

Definition 6.8 *Zwei Vektoren* $\mathbf{x}, \mathbf{y} \in \mathbf{R}^n$ *heißen* **orthogonal**, *in Zeichen:*

$$\mathbf{x} \perp \mathbf{y} : \iff\; <\mathbf{x}, \mathbf{y}> = 0$$

Bemerkung 6.8   *1. Es gilt:* $\mathbf{0} \perp \mathbf{x} \; \forall \, \mathbf{x} \in \mathbf{R}^n$

2. In jedem $\mathbf{R}^n$ *gilt* $\mathbf{e}_i \perp \mathbf{e}_j$ *für* $i \neq j$ *mit* $i, j = 1, \ldots, n$

Satz 6.5 *Seien* $\mathbf{x}, \mathbf{y} \in \mathbf{R}^n$ *mit* $\mathbf{x} \neq \mathbf{0}$, $\mathbf{y} \neq \mathbf{0}$ *und sei* $\alpha \in [0, \pi]$ *der von* $\mathbf{x}$ *und* $\mathbf{y}$ *eingeschlossene Winkel. Dann gilt:*

$$\cos(\alpha) = \frac{<\mathbf{x}, \mathbf{y}>}{|\mathbf{x}||\mathbf{y}|}$$

Bemerkung 6.9 *Aus dem Satz folgt (unter gleichen Voraussetzungen):*

1. **Cauchy-Schwarz-Ungleichung:** $-1 \leq \frac{<\mathbf{x}, \mathbf{y}>}{|\mathbf{x}||\mathbf{y}|} \leq 1$

2. $\mathbf{x} \perp \mathbf{y} \iff \cos(\alpha) = 0 \iff \alpha = \pi/2$

Schließlich kann man mit Hilfe der Orthogonalität von Vektoren (senkrechte) Projektionen von Vektoren auf andere Vektoren berechnen, die z.B. in der Regressionsanalyse nützlich sind.

Satz 6.6 *Seien* $\mathbf{x}$ *und* $\mathbf{y} \in \mathbf{R}^n$ *mit* $|\mathbf{x}| \neq 0$, *so ist die* **Projektion** $\hat{\mathbf{y}}$ *von* $\mathbf{y}$ *auf* $\mathbf{x}$ *gegeben durch*

$$\hat{\mathbf{y}} = \frac{<\mathbf{x}, \mathbf{y}>}{|\mathbf{x}|^2} \mathbf{x} \qquad mit \qquad (\mathbf{y} - \hat{\mathbf{y}}) \perp \mathbf{x}$$

6.4   Linearkombinationen

Von großer Bedeutung in der linearen Algebra, z.B. bei der Lösung von linearen Gleichungssystemen in Kapitel 8, sind die Begriffe Linearkombination, lineare Unabhängigkeit
und Erzeugnis, die in diesem Abschnitt vorgestellt werden.

Definition 6.9 *Seien* $x_1, \ldots, x_k \in \mathbf{R}^n$. $y \in \mathbf{R}^n$ *heißt* **Linearkombination** *von*
$x_1, \ldots, x_k$, *falls es* $r_1, \ldots, r_k \in \mathbf{R}$ *gibt mit*

$$y = \sum_{j=1}^{k} r_j x_j$$

$y \in \mathbf{R}^n$ *heißt* **konvexe Linearkombination** *oder* **Konvexkombination** *von* $x_1, \ldots, x_k$,
falls es $r_1, \ldots, r_k \in \mathbf{R}_+$ *gibt mit*

$$y = \sum_{j=1}^{k} r_j x_j \quad und \quad \sum_{j=1}^{k} r_j = 1$$

Konvexkombinationen werden in Abschnitt 11.2 benötigt.

Bemerkung 6.10   *1. Ausgeschrieben steht obige Bedingung für ein System von n li-*
nearen Gleichungen in k Variablen, mit deren Lösung wir uns bald ausführlich
beschäftigen werden.

2. I.a. läßt sich ein beliebiger Vektor $y \in \mathbf{R}^n$ *nicht als Linearkombination von*
$x_1, \ldots, x_k \in \mathbf{R}^n$ *darstellen.*

Definition 6.10 *Die Vektoren* $x_1, \ldots, x_k \in \mathbf{R}^n$ *heißen* **linear unabhängig**, *wenn gilt:*
Sind $r_1, \ldots, r_k \in \mathbf{R}$ *und ist*

$$\sum_{j=1}^{k} r_j x_j = 0$$

so folgt $r_1 = \ldots = r_k = 0$. *Andernfalls heißen sie* **linear abhängig**.

Satz 6.7 *Sei* $k \geq 2$. *Die Vektoren* $x_1, \ldots, x_k \in \mathbf{R}^n$ *sind genau dann linear abhängig,*
wenn sich mindestens einer von ihnen als Linearkombination der anderen $k - 1$ *Vektoren*
darstellen läßt.

Es folgen einige nützliche Aussagen zur linearen Abhängigkeit.

Bemerkung 6.11   *1. Der Nullvektor ist immer linear abhängig.*

2. Ein Vektor $x \in \mathbf{R}^n$ *ist genau dann linear unabhängig, wenn* $x \neq 0$.

3. Zwei Vektoren im $\mathbf{R}^n$ *sind genau dann linear unabhängig, wenn sie nicht auf einer*
Gerade liegen.

4. Drei Vektoren im $\mathbf{R}^n$ *sind genau dann linear unabhängig, wenn sie nicht in einer*
Ebene liegen.

5. $e_1, \ldots, e_n \in \mathbf{R}^n$ *sind linear unabhängig.*

Die Idee liegt nahe, daß bei linear abhängigen Vektoren in einem gewissen Sinne mindestens ein Vektor überflüssig ist. Um diese Idee zu präzisieren, muß erst einmal festgestellt werden, was durch Linearkombinationen 'erzeugt' wird.

Definition 6.11 *Sei $T \subseteq \mathbf{R}^n$ mit $T \neq \emptyset$. Dann heißt T* **Teilraum** *oder* **Untervektorraum** *des $\mathbf{R}^n$, falls T* **abgeschlossen** *ist bezüglich*

1. *der Addition: $\mathbf{x}, \mathbf{y} \in T \Rightarrow \mathbf{x} + \mathbf{y} \in T$*

2. *und der Multiplikation mit Skalaren: $\mathbf{x} \in T$, $r \in \mathbf{R} \Rightarrow r\mathbf{x} \in T$*

Bemerkung 6.12 *Ein Untervektorraum ist selbst ein Vektorraum, enthält insbesondere also immer den Nullvektor. Welche Untervektorräume gibt es?*

1. *In $\mathbf{R}$: Den* **Nullvektorraum** *$\{0\}$ und $\mathbf{R}$ selbst.*

2. *Im $\mathbf{R}^2$: Den Nullvektorraum $\{0\}$, alle Geraden durch den Nullpunkt und den ganzen $\mathbf{R}^2$.*

3. *Im $\mathbf{R}^3$: Den Nullvektorraum $\{0\}$, alle Geraden durch den Nullpunkt, alle Ebenen durch den Nullpunkt und den ganzen $\mathbf{R}^3$.*

Satz 6.8 *Für $\mathbf{x}_1, \ldots, \mathbf{x}_k \in \mathbf{R}^n$ ist die Menge*

$$\left\{ \mathbf{y} \in \mathbf{R}^n \;\middle|\; \mathbf{y} = \sum_{j=1}^{k} r_j \mathbf{x}_j, \quad r_1, \ldots, r_k \in \mathbf{R} \right\}$$

ein Untervektorraum des $\mathbf{R}^n$.

Definition 6.12 *Seien $\mathbf{x}_1, \ldots, \mathbf{x}_k \in \mathbf{R}^n$. Dann heißt*

$$\mathrm{Span}(\mathbf{x}_1, \ldots, \mathbf{x}_k) := \left\{ \mathbf{y} \in \mathbf{R}^n \;\middle|\; \mathbf{y} = \sum_{j=1}^{k} r_j \mathbf{x}_j, \quad r_1, \ldots, r_k \in \mathbf{R} \right\}$$

der von $\mathbf{x}_1, \ldots, \mathbf{x}_k$ erzeugte oder **aufgespannte Untervektorraum** *oder das* **Erzeugnis** *von $\mathbf{x}_1, \ldots, \mathbf{x}_k$. $\{\mathbf{x}_1, \ldots, \mathbf{x}_k\}$ heißt das* **Erzeugendensystem** *des Untervektorraums.*

Bemerkung 6.13 *$\mathrm{Span}(\mathbf{x}_1, \ldots, \mathbf{x}_k)$ ist der kleinste Untervektorraum, der alle $\mathbf{x}_j$ mit $j = 1, \ldots, k$ enthält. Aber wenn $\mathbf{x}_1, \ldots, \mathbf{x}_k$ linear abhängig sind, ist $\{\mathbf{x}_1, \ldots, \mathbf{x}_k\}$ nicht das kleinste Erzeugendensystem des Untervektorraums – mehr dazu im nächsten Abschnitt.*

Abschließend noch drei Umformungen des Erzeugendensystems eines Untervektorraums, die den Untervektorraum selbst nicht verändern und beim Gaußschen Eliminationsverfahren in Abschnitt 7.3 eine zentrale Rolle spielen.

Satz 6.9 *Seien $\mathbf{x}_1, \ldots, \mathbf{x}_k \in \mathbf{R}^n$. Dann gilt:*

1. *$\mathrm{Span}(\mathbf{x}_1, \ldots, \mathbf{x}_k)$ ist unabhängig von der Reihenfolge der Vektoren des Erzeugendensystems.*

2. *Für alle $r_1, \ldots, r_k \in \mathbf{R}$ mit $r_j \neq 0 \; \forall \, j = 1, \ldots, k$ gilt:*

$$\mathrm{Span}(r_1\mathbf{x}_1, \ldots, r_k\mathbf{x}_k) = \mathrm{Span}(\mathbf{x}_1, \ldots, \mathbf{x}_k)$$

3. *Für alle $r \in \mathbf{R}$ und für alle $\mathbf{x}_j \in \{\mathbf{x}_2, \ldots, \mathbf{x}_k\}$ gilt:*

$$\mathrm{Span}(\mathbf{x}_1 + r\mathbf{x}_j, \mathbf{x}_2, \ldots, \mathbf{x}_k) = \mathrm{Span}(\mathbf{x}_1, \ldots, \mathbf{x}_k)$$

6.5   Basen

Nun werden Basen als minimale Erzeugendensysteme von Vektorräumen definiert. Die Dimension eines Vektorraums läßt sich dann anhand der Zahl der Vektoren einer Basis definieren. Zunächst wird beschrieben, wie man aus einer Menge linear abhängiger Vektoren die (zur Erzeugung des Vektorraums) überflüssigen Vektoren eliminiert.

Satz 6.10 *Die Vektoren* $x_1, \ldots, x_k \in \mathbf{R}^n$ *seien linear abhängig. Dann existiert ein* $x_j \in \{x_1, \ldots, x_k\}$, *das sich als Linearkombination der anderen* $k - 1$ *Vektoren darstellen läßt, und es gilt:*

$$\mathrm{Span}(x_1, \ldots, x_k) = \mathrm{Span}(x_1, \ldots, x_{j-1}, x_{j+1}, \ldots, x_k)$$

Bemerkung 6.14 *Obigen Satz kann man mehrfach anwenden, bis man ein linear unabhängiges Erzeugendensystem erhält. Dieses ist dann Basis des von ihm aufgespannten Vektorraums.*

Definition 6.13 *Sind* $x_1, \ldots, x_k \in \mathbf{R}^n$ *mit* $k \leq n$ *linear unabhängig, so heißt* $\{x_1, \ldots, x_k\}$ **Basis** *des (Unter-)Vektorraums* $\mathrm{Span}(x_1, \ldots, x_k)$.

Satz 6.11   *1. Die* n *Einheitsvektoren* $e_1, \ldots, e_n$ *bilden eine Basis des* $\mathbf{R}^n$, *die sogenannte* **kanonische Basis**.

   2. Für zwei verschiedene Basen $\{x_1, \ldots, x_k\}$ *und* $\{y_1, \ldots, y_l\}$ *eines Vektorraums* $\mathcal{T}$ *gilt* $k = l$.

Bemerkung 6.15 *Vektorräume haben also i.a. unendlich viele verschiedene Basen, aber die Anzahl der Vektoren in diesen Basen ist immer gleich. Daher ist die folgende Definition sinnvoll.*

Definition 6.14   *1. Ist* $\mathcal{T}$ *ein Vektorraum und* $\{x_1, \ldots, x_k\}$ *eine Basis von* $\mathcal{T}$, *so heißt* k *die* **Dimension** *von* $\mathcal{T}$, *kurz:* $\dim(\mathcal{T}) = k$.

   2. $\dim(\{0\}) = 0$

Bemerkung 6.16 $\dim(\mathbf{R}^n) = n$

Satz 6.12   *1. Ist* $\mathcal{T}$ *ein Vektorraum der Dimension* k *und sind* $x_1, \ldots, x_k \in \mathcal{T}$ *linear unabhängig, so bildet* $\{x_1, \ldots, x_k\}$ *eine Basis von* $\mathcal{T}$.

   2. Ist $\mathcal{T}$ *ein Vektorraum der Dimension* k *und sind* $x_1, \ldots, x_l \in \mathcal{T}$ *mit* $l > k$, *so sind* $x_1, \ldots, x_l$ *linear abhängig.*

Bemerkung 6.17 *In diesem Sinne stellt eine Basis ein* **minimales Erzeugendensystem** *eines Vektorraums dar und enthält die maximale Menge linear unabhängiger Vektoren in diesem Vektorraum. Es folgt z.B.:*

   1. Mehr als zwei Vektoren im $\mathbf{R}^2$ *sind linear abhängig.*

   2. Mehr als drei Vektoren im $\mathbf{R}^3$ *sind linear abhängig.*

Satz 6.13 *Ist* $\mathcal{T}$ *ein Vektorraum und* $\{x_1, \ldots, x_k\}$ *eine Basis von* $\mathcal{T}$, *so läßt sich jeder Vektor* $y \in \mathcal{T}$ *in eindeutiger Weise aus* $x_1, \ldots, x_k$ *linear kombinieren.*

Kapitel 7

Matrizenrechnung

7.1 Matrizen

Die Zusammenfassung mehrerer gleichdimensionaler und sachlogisch verwandter Vektoren zu einem rechteckigen Zahlenfeld heißt Matrix. Matrizen werden in der Ökonomie in der Input-Output-Analyse, bei der Lösung linearer Gleichungssysteme, bei der Untersuchung dynamischer Prozesse und in vielen weiteren Gebieten eingesetzt. Dieser Abschnitt dient zur begrifflichen Einführung.

Definition 7.1 *Seien $a_{ij} \in \mathbf{R}$ für $i = 1, \ldots, m$ und $j = 1, \ldots, n$. Dann heißt das rechteckige Schema*

$$
\mathbf{A} = (a_{ij})_{m,n} := \begin{pmatrix} a_{11} & a_{12} & \cdots & a_{1j} & \cdots & a_{1n} \\ a_{21} & a_{22} & \cdots & a_{2j} & \cdots & a_{2n} \\ \vdots & \vdots & & \vdots & & \vdots \\ a_{i1} & a_{i2} & \cdots & a_{ij} & \cdots & a_{in} \\ \vdots & \vdots & & \vdots & & \vdots \\ a_{m1} & a_{m2} & \cdots & a_{mj} & \cdots & a_{mn} \end{pmatrix}
$$

$(m \times n)$-**dimensionale Matrix** *mit den* $m \cdot n$ **Komponenten** a_{ij}.

$$
\mathbf{a}'_i := (\, a_{i1} \quad \cdots \quad a_{in} \,)
$$

heißt **i-ter Zeilenvektor** *und*

$$
\mathbf{a}_j := \begin{pmatrix} a_{1j} \\ \vdots \\ a_{mj} \end{pmatrix}
$$

j-ter Spaltenvektor *von* $\mathbf{A}$. *i nennt man* **Zeilenindex** *und j* **Spaltenindex**.

Bemerkung 7.1 *Ein n-dimensionaler Vektor $\mathbf{x}$ ist also eine $(n \times 1)$-dimensionale Matrix und $\mathbf{x}^T$ dann eine $(1 \times n)$-dimensionale Matrix. Eine (1×1)-dimensionale Matrix (a_{11}) identifizieren wir mit $a_{11} \in \mathbf{R}$.*

Definition 7.2 *1. Mit $\mathcal{M}_{m,n}$ bezeichnen wir die Menge aller $(m \times n)$-dimensionalen Matrizen.*

2. *Für* $\mathbf{A}$, $\mathbf{B} \in \mathcal{M}_{m,n}$ *und* $Ind := \{(i,j) \mid i = 1, \ldots, m, \ j = 1, \ldots, n\}$ *gilt:*

$$
\begin{aligned}
\mathbf{A} = \mathbf{B} &\;:\Longleftrightarrow\; a_{ij} = b_{ij} \;\; \forall\, (i,j) \in Ind \\
\mathbf{A} \neq \mathbf{B} &\;:\Longleftrightarrow\; a_{ij} \neq b_{ij} \;\; \text{für mindestens ein} \;\; (i,j) \in Ind \\
\mathbf{A} \leq \mathbf{B} &\;:\Longleftrightarrow\; a_{ij} \leq b_{ij} \;\; \forall\, (i,j) \in Ind \\
\mathbf{A} < \mathbf{B} &\;:\Longleftrightarrow\; a_{ij} < b_{ij} \;\; \forall\, (i,j) \in Ind
\end{aligned}
$$

Bemerkung 7.2 *Man beachte, daß auch bei Matrizen der Vergleich nur bei gleicher Dimension möglich ist.*

Definition 7.3 $\mathbf{A} \in \mathcal{M}_{m,n}$ *mit* $a_{ij} = 0$ *für* $i = 1, \ldots, m$ *und* $j = 1, \ldots, n$ *heißt* **Nullmatrix 0**.

Die Rolle der Nullmatrix wird im nächsten Abschnitt erläutert.

Definition 7.4 *Sei* $\mathbf{A} = (a_{ij})_{m,n} \in \mathcal{M}_{m,n}$. *Dann heißt* $\mathbf{A}^T := (a_{ji})_{n,m}$ *die zu* $\mathbf{A}$ **transponierte** *Matrix.*

Bemerkung 7.3 *Die Zeilen von* $\mathbf{A}$ *sind die Spalten von* $\mathbf{A}^T$ *und die Spalten von* $\mathbf{A}$ *sind die Zeilen von* $\mathbf{A}^T$.

Satz 7.1 *Sei* $\mathbf{A} \in \mathcal{M}_{m,n}$. *Dann gilt:* $\mathbf{A} = \left(\mathbf{A}^T\right)^T$.

Eine Reihe von wichtigen Konzepten der linearen Algebra (die Inverse in Abschnitt 7.3 und Determinanten und Eigenwerte in Kapitel 9) werden nur für quadratische Matrizen definiert, bei denen Zeilen- und Spaltenzahl übereinstimmen. Unter den quadratischen Matrizen nehmen die symmetrischen Matrizen eine Sonderrolle ein, die in Abschnitt 9.3 die Wahl besonders praktischer Koordinatensysteme gestatten und für die in Abschnitt 9.4 quadratische Formen definiert werden, die in der Optimierung eine wichtige Aufgabe haben.

Definition 7.5 *Sei* $\mathbf{A} \in \mathcal{M}_{m,n}$. *Gilt* $m = n$, *so heißt* $\mathbf{A}$ **quadratische Matrix** *der Ordnung* n, *kurz:* $\mathbf{A} \in \mathcal{M}_n$.

Definition 7.6 *Sei* $\mathbf{A} \in \mathcal{M}_n$.

1. *Die Komponenten* a_{ii} *für* $i = 1, \ldots, n$ *bilden die* **Hauptdiagonale** *von* $\mathbf{A}$.

2. *Die Komponenten* $a_{n+1-i,i}$ *für* $i = 1, \ldots, n$ *bilden die* **Nebendiagonale** *von* $\mathbf{A}$.

3. *Gilt* $\mathbf{A} = \mathbf{A}^T$, *so nennt man* $\mathbf{A}$ **symmetrisch**.

4. $\mathbf{A}$ *heißt* **obere Dreiecksmatrix**, *falls* $a_{ij} = 0$ *für* $i > j$ *mit* $i = 2, \ldots, n$ *und* $j = 1, \ldots, n-1$.

5. $\mathbf{A}$ *heißt* **untere Dreiecksmatrix**, *falls* $a_{ij} = 0$ *für* $i < j$ *mit* $i = 1, \ldots, n-1$ *und* $j = 2, \ldots, n$.

6. $\mathbf{A}$ *heißt* **Diagonalmatrix**, *falls* $a_{ij} = 0$ *für* $i \neq j$ *mit* $i, j = 1, \ldots, n$.

7. *Eine Diagonalmatrix* $\mathbf{A}$ *heißt* **Einheitsmatrix** I, *falls* $a_{ii} = 1$ *für* $i = 1, \ldots, n$.

Bemerkung 7.4 *1. Eine obere Dreiecksmatrix enthält also unterhalb der Hauptdiagonalen nur Nullen, eine untere Dreiecksmatrix oberhalb der Hauptdiagonalen nur Nullen. Eine vollbesetzte Dreiecksmatrix enthält $\frac{n^2-n}{2}$ Nullen und daher $\frac{n^2+n}{2}$ Elemente ungleich Null.*

2. Eine Diagonalmatrix ist obere und untere Dreiecksmatrix.

3. Der i-te Spaltenvektor der Einheitsmatrix der Ordnung n ist der i-te Einheitsvektor $\mathbf{e}_i \in \mathbf{R}^n$.

Die besondere Bedeutung der Einheitsmatrix wird im nächsten Abschnitt beschrieben. Diagonal- und Einheitsmatrizen nehmen als besonders einfache Matrizen ab dem nächsten Abschnitt eine zentrale Rolle ein, z.B. da viele Transformationen diese Matrizen als Ziel haben, etwa in Kapitel 8 bei der Lösung linearer Gleichungssysteme oder in Abschnitt 9.3 bei der Hauptachsentransformation.

7.2 Matrixverknüpfungen

Vektoren sind spezielle Matrizen mit einer Spalte (oder Zeile). Genauso kann man – mit geringem theoretischen Aufwand – eine $(m \times n)$-Matrix durch Untereinanderschreiben etwa aller Spaltenvektoren als einen $m \cdot n$-dimensionalen Spaltenvektor ansehen. Beides bedeutet, daß alle Definitionen, Sätze und Rechenregeln kompatibel sein müssen. Daher machen auch bei Matrizen die Addition und Subtraktion keine Probleme, die Multiplikation oder Division hingegen schon.

Definition 7.7 *Seien $\mathbf{A} = (a_{ij})_{m,n}$, $\mathbf{B} = (b_{ij})_{m,n} \in \mathcal{M}_{m,n}$ und $r \in \mathbf{R}$. Dann definiert man*

1. die Multiplikation mit einem Skalar als Abbildung

$$\cdot : \mathbf{R} \times \mathcal{M}_{m,n} \to \mathcal{M}_{m,n}, \quad r\mathbf{A} = r(a_{ij})_{m,n} := (ra_{ij})_{m,n}$$

2. und die Addition als Abbildung

$$+ : \mathcal{M}_{m,n} \times \mathcal{M}_{m,n} \to \mathcal{M}_{m,n}, \quad \mathbf{A} + \mathbf{B} = (a_{ij})_{m,n} + (b_{ij})_{m,n} := (a_{ij} + b_{ij})_{m,n}$$

Bemerkung 7.5 *Die Addition zweier Matrizen ist nur definiert für Matrizen gleicher Zeilen- und Spaltenzahl.*

Satz 7.2 *Seien $\mathbf{A}, \mathbf{B}, \mathbf{C} \in \mathcal{M}_{m,n}$ und $r, r_1, r_2 \in \mathbf{R}$. Dann gelten folgende Rechenregeln*

1. für die Multiplikation mit Skalaren:

(a) **Assoziativgesetz:** $r_1(r_2\mathbf{A}) = (r_1r_2)\mathbf{A}$

(b) $1\mathbf{A} = \mathbf{A}$

(c) **1. Distributivgesetz:** $(r_1 + r_2)\mathbf{A} = r_1\mathbf{A} + r_2\mathbf{A}$

(d) **2. Distributivgesetz:** $r(\mathbf{A} + \mathbf{B}) = r\mathbf{A} + r\mathbf{B}$

(e) $(r\mathbf{A})^T = r\mathbf{A}^T$

2. für die Addition:

(a) **Assoziativgesetz:** $\mathbf{A} + (\mathbf{B} + \mathbf{C}) = (\mathbf{A} + \mathbf{B}) + \mathbf{C}$

(b) *Existenz des* **neutralen Elements:** *Für die Nullmatrix gilt:* $\mathbf{0} + \mathbf{A} = \mathbf{A} + \mathbf{0} = \mathbf{A}$

(c) *Existenz des* **inversen Elements:** *Für jedes* $\mathbf{A} \in \mathcal{M}_{m,n}$ *gibt es ein inverses Element* $-\mathbf{A}$ *mit:* $\mathbf{A} + (-\mathbf{A}) = \mathbf{0}$.

(d) **Kommutativgesetz:** $\mathbf{A} + \mathbf{B} = \mathbf{B} + \mathbf{A}$

(e) $(\mathbf{A} + \mathbf{B})^T = \mathbf{A}^T + \mathbf{B}^T$

Bemerkung 7.6 *Für die* **Differenz** *der Matrizen* $\mathbf{A} + (-\mathbf{B})$ *schreibt man einfacher* $\mathbf{A} - \mathbf{B}$.

Auch bei Matrizen ist es unmöglich, für beliebige Matrizen gleicher Dimension eine Multiplikation zu definieren, die als Ergebnis ebenfalls eine Matrix gleicher Dimension liefert und alle von den reellen Zahlen bekannten Rechenregeln aufweist. Das nun vorgestellte Produkt von Matrizen mit u.U. verschiedener, aber passender Dimension ist einfach die nützlichste Definition mit den meisten praktischen Anwendungen.

Definition 7.8 *Sei* $\mathbf{A} = (a_{ij})_{m,n} \in \mathcal{M}_{m,n}$ *mit dem i-ten Zeilenvektor* $\mathbf{a}_i$ *für* $i = 1, \ldots, m$ *und* $\mathbf{B} = (b_{ij})_{n,p} \in \mathcal{M}_{n,p}$ *mit dem j-ten Spaltenvektor* $\mathbf{b}_j$ *für* $j = 1, \ldots, p$. *Dann definiert man das* **Produkt** *von* $\mathbf{A}$ *und* $\mathbf{B}$ *als Abbildung* $\cdot : \mathcal{M}_{m,n} \times \mathcal{M}_{n,p} \to \mathcal{M}_{m,p}$ *mit*

$$
\mathbf{A} \cdot \mathbf{B} := \begin{pmatrix}
<\mathbf{a}_1, \mathbf{b}_1> & <\mathbf{a}_1, \mathbf{b}_2> & \ldots & <\mathbf{a}_1, \mathbf{b}_j> & \ldots & <\mathbf{a}_1, \mathbf{b}_p> \\
<\mathbf{a}_2, \mathbf{b}_1> & <\mathbf{a}_2, \mathbf{b}_2> & \ldots & <\mathbf{a}_2, \mathbf{b}_j> & \ldots & <\mathbf{a}_2, \mathbf{b}_p> \\
\vdots & \vdots & & \vdots & & \vdots \\
<\mathbf{a}_i, \mathbf{b}_1> & <\mathbf{a}_i, \mathbf{b}_2> & \ldots & <\mathbf{a}_i, \mathbf{b}_j> & \ldots & <\mathbf{a}_i, \mathbf{b}_p> \\
\vdots & \vdots & & \vdots & & \vdots \\
<\mathbf{a}_m, \mathbf{b}_1> & <\mathbf{a}_m, \mathbf{b}_2> & \ldots & <\mathbf{a}_m, \mathbf{b}_j> & \ldots & <\mathbf{a}_m, \mathbf{b}_p>
\end{pmatrix}
$$

Bemerkung 7.7 1. *Damit* $\mathbf{A} \cdot \mathbf{B}$ *definiert ist, muß die Spaltenzahl von* $\mathbf{A}$ *gleich der Zeilenzahl von* $\mathbf{B}$ *sein.*

2. *Mit den Dimensionen in obiger Definition erfordert ein Skalarprodukt also n Multiplikationen und* $n-1$ *Additionen, das gesamte Matrixprodukt daher* $m \cdot p \cdot n$ *Multiplikationen und* $m \cdot p \cdot (n-1)$ *Additionen! Daher lohnt es sich, größere Matrixausdrücke so umzuformen, daß möglichst wenige, möglichst einfache Matrixprodukte entstehen.*

3. *Für zwei Vektoren* $\mathbf{x}, \mathbf{y} \in \mathcal{M}_{n,1}$ *gibt es die völlig verschiedenen Matrixprodukte* $\mathbf{x}^T \mathbf{y} = <\mathbf{x}, \mathbf{y}> \in \mathbf{R}$ *und* $\mathbf{x}\mathbf{y}^T \in \mathcal{M}_n$.

Satz 7.3 *Seien* $\mathbf{A}, \mathbf{A}' \in \mathcal{M}_{m,n}$, $\mathbf{B}, \mathbf{B}' \in \mathcal{M}_{n,p}$, $\mathbf{C} \in \mathcal{M}_{p,r}$ *und* $r \in \mathbf{R}$. *Dann gelten folgende Rechenregeln:*

1. **Assoziativgesetz:** $(\mathbf{A}\mathbf{B})\mathbf{C} = \mathbf{A}(\mathbf{B}\mathbf{C})$

2. *Existenz des* **neutralen Elements:** *Für die Einheitsmatrix* $\mathbf{I} \in \mathcal{M}_n$ *gilt:* $\mathbf{IA} = \mathbf{AI} = \mathbf{A}$

3. **1. Distributivgesetz:** $\mathbf{A}(\mathbf{B} + \mathbf{B}') = \mathbf{AB} + \mathbf{AB}'$

4. **2. Distributivgesetz:** $(\mathbf{A} + \mathbf{A}')\mathbf{B} = \mathbf{AB} + \mathbf{A}'\mathbf{B}$

5. $\mathbf{A}(r\mathbf{B}) = (r\mathbf{A})\mathbf{B} = r(\mathbf{AB})$

6. $(\mathbf{AB})^T = \mathbf{B}^T\mathbf{A}^T$

Bemerkung 7.8 *1. Das Produkt zweier Matrizen* $\mathbf{A} \in \mathcal{M}_{m,n}$ *und* $\mathbf{B} \in \mathcal{M}_{n,p}$ *kann die Nullmatrix sein, obwohl* $\mathbf{A} \neq \mathbf{0}$ *und* $\mathbf{B} \neq \mathbf{0}$ *sind.*

2. *Für nicht-quadratische Matrizen* $\mathbf{A} \in \mathcal{M}_{m,n}$ *existiert keine multiplikativ inverse Matrix. Wann diese für quadratische Matrizen existiert, diskutieren wir im nächsten Abschnitt.*

3. *Für nicht-quadratische Matrizen* $\mathbf{A} \in \mathcal{M}_{m,n}$ *und* $\mathbf{B} \in \mathcal{M}_{n,p}$ *ist das Produkt* $\mathbf{BA}$ *nicht definiert. Aber auch für quadratische Matrizen* $\mathbf{A}, \mathbf{B} \in \mathcal{M}_m$ *gilt i.a.* $\mathbf{AB} \neq \mathbf{BA}$. *Die Matrizenmultiplikation ist also nicht kommutativ. Man sagt daher, daß man bei* $\mathbf{AB}$ *die Matrix* $\mathbf{B}$ **von links** *mit* $\mathbf{A}$ **multipliziert,** *bei* $\mathbf{BA}$ *hingegen die Matrix* $\mathbf{B}$ **von rechts** *mit* $\mathbf{A}$ **multipliziert.**

Folgendes Matrixprodukt tritt beispielsweise in der Ökonometrie häufig auf.

Satz 7.4 *Für* $\mathbf{A} \in \mathcal{M}_{m,n}$ *sind* $\mathbf{AA}^T \in \mathcal{M}_m$ *und* $\mathbf{A}^T\mathbf{A} \in \mathcal{M}_n$ *jeweils symmetrisch.*

Abschließend sollen Blockmatrizen eingeführt werden. Natürlich gelten für das Rechnen mit Blockmatrizen die gleichen Regeln wie für gewöhnliche Matrizen. Wenn aber gewisse Untermatrizen Nullmatrizen sind, was in der Praxis häufiger auftritt, vereinfacht sich etwa die Berechnung von Determinanten (in Abschnitt 9.2) oder Inversen (im folgenden Abschnitt) teilweise sehr.

Definition 7.9 *Wir nennen* $\mathbf{A} \in \mathcal{M}_{m,n}$ **Blockmatrix** *oder* **partitioniert** *in die* **Untermatrizen** $\mathbf{A}_{11} \in \mathcal{M}_{p,q}$, $\mathbf{A}_{12} \in \mathcal{M}_{p,(n-q)}$, $\mathbf{A}_{21} \in \mathcal{M}_{(m-p),q}$ *und* $\mathbf{A}_{22} \in \mathcal{M}_{(m-p),(n-q)}$, *wenn* $\mathbf{A}$ *von der Form*

$$\mathbf{A} = \begin{pmatrix} \mathbf{A}_{11} & \mathbf{A}_{12} \\ \mathbf{A}_{21} & \mathbf{A}_{22} \end{pmatrix}$$

ist.

Satz 7.5 *1. Für eine Blockmatrix* $\mathbf{A} \in \mathcal{M}_{m,n}$ *der Form*

$$\mathbf{A} = \begin{pmatrix} \mathbf{A}_{11} & \mathbf{A}_{12} \\ \mathbf{A}_{21} & \mathbf{A}_{22} \end{pmatrix}$$

gilt

$$\mathbf{A}^T = \begin{pmatrix} \mathbf{A}_{11}^T & \mathbf{A}_{21}^T \\ \mathbf{A}_{12}^T & \mathbf{A}_{22}^T \end{pmatrix}$$

2. Seien $\mathbf{A} \in \mathcal{M}_{m,n}$ und $\mathbf{B} \in \mathcal{M}_{n,r}$ Blockmatrizen der Form

$$\mathbf{A} = \begin{pmatrix} \mathbf{A}_{11} & \mathbf{A}_{12} \\ \mathbf{A}_{21} & \mathbf{A}_{22} \end{pmatrix} \qquad und \qquad \mathbf{B} = \begin{pmatrix} \mathbf{B}_{11} & \mathbf{B}_{12} \\ \mathbf{B}_{21} & \mathbf{B}_{22} \end{pmatrix}$$

für die alle im folgenden auftretenden Matrixoperationen definiert sind. Dann gilt:

$$\mathbf{AB} = \begin{pmatrix} \mathbf{A}_{11}\mathbf{B}_{11} + \mathbf{A}_{12}\mathbf{B}_{21} & \mathbf{A}_{11}\mathbf{B}_{12} + \mathbf{A}_{12}\mathbf{B}_{22} \\ \mathbf{A}_{21}\mathbf{B}_{11} + \mathbf{A}_{22}\mathbf{B}_{21} & \mathbf{A}_{21}\mathbf{B}_{12} + \mathbf{A}_{22}\mathbf{B}_{22} \end{pmatrix}$$

Man behandelt also beim Matrixprodukt die Untermatrizen anschaulich gesprochen wie reelle Zahlen.

7.3 Rang und Inverse

Kann man mit Matrizen dividieren? Für beliebige Matrizen $\mathbf{A} \in \mathcal{M}_{m,n}$ mit $m \neq n$ ist dieses unmöglich. Für quadratische Matrizen $\mathbf{A} \in \mathcal{M}_n$ kann man unter der Bedingung der Regularität von $\mathbf{A}$, die zunächst diskutiert wird, durch Multiplikation mit einer multiplikativ inversen Matrix $\mathbf{A}^{-1}$ die Gleichung $\mathbf{A} \cdot \mathbf{A}^{-1} = \mathbf{I}$ erfüllen. Anschließend wird das wichtige Gaußsche Eliminationsverfahren vorgestellt, das zur Berechnung von Inversen und auch zur Lösung von linearen Gleichungssystemen im nächsten Kapitel verwendet wird.

Definition 7.10 Sei $\mathbf{A} \in \mathcal{M}_n$. Existiert eine Matrix $\mathbf{A}^{-1}$ mit

$$\mathbf{A}\mathbf{A}^{-1} = \mathbf{A}^{-1}\mathbf{A} = \mathbf{I}$$

so heißt $\mathbf{A}$ **invertierbar** oder **regulär** und $\mathbf{A}^{-1}$ heißt die **inverse Matrix** oder kurz **Inverse** von $\mathbf{A}$. Andernfalls heißt $\mathbf{A}$ **singulär**.

Satz 7.6 Ist $\mathbf{A} \in \mathcal{M}_n$ regulär, so ist die inverse Matrix $\mathbf{A}^{-1}$ eindeutig.

Bemerkung 7.9 Inverse Matrizen dienen etwa für $\mathbf{x}, \mathbf{b} \in \mathbf{R}^n$ zur Lösung von Gleichungen der Form $\mathbf{A} \cdot \mathbf{x} = \mathbf{b}$ durch $\mathbf{x} = \mathbf{A}^{-1}\mathbf{b}$. Mehr dazu folgt im nächsten Kapitel.

Jetzt muß zunächst der Begriff 'Regularität' nachprüfbar gemacht werden. Dazu wird das Erzeugnis der Spaltenvektoren einer Matrix betrachtet.

Satz 7.7 $\mathbf{A} \in \mathcal{M}_n$ ist genau dann regulär, wenn die n Spaltenvektoren von $\mathbf{A}$ linear unabhängig sind.

Definition 7.11 Sei $\mathbf{A} \in \mathcal{M}_{m,n}$ mit den Zeilenvektoren $\mathbf{a}'_1, \ldots, \mathbf{a}'_m$ und den Spaltenvektoren $\mathbf{a}_1, \ldots, \mathbf{a}_n$. Dann nennt man

$$ZR(\mathbf{A}) := \mathrm{Span}(\mathbf{a}'_1, \ldots, \mathbf{a}'_m)$$

den **Zeilenraum** von $\mathbf{A}$ und

$$SR(\mathbf{A}) := \mathrm{Span}(\mathbf{a}_1, \ldots, \mathbf{a}_n)$$

den **Spaltenraum** von $\mathbf{A}$. $\dim(ZR)$ heißt **Zeilenrang** und $\dim(SR)$ **Spaltenrang** von $\mathbf{A}$.

Zeilenraum und Spaltenraum einer Matrix sind zwar i.a. voneinander verschieden, aber die Dimension dieser Räume muß identisch sein. Daher macht die folgende Definition des Rangs einer Matrix Sinn.

Satz 7.8 *Sei* $\mathbf{A} \in \mathcal{M}_{m,n}$. *Dann gilt:*

$$\dim(ZR) = \dim(SR) =: \operatorname{rg}(\mathbf{A})$$

genannt **Rang** *von* **A**.

Satz 7.9 *Sei* $\mathbf{A} \in \mathcal{M}_{m,n}$. *Dann gilt:* $\operatorname{rg}(\mathbf{A}) = \operatorname{rg}(\mathbf{A}^T) \leq \min\{m,n\}$

Nun wird mit dem Gaußschen Eliminationsverfahren eine Methode eingeführt, die u.a. auch dazu dient, den Rang einer Matrix zu bestimmen. Wesentlicher Bestandteil des Verfahrens sind sogenannte elementare Zeilenumformungen.

Definition 7.12 *Sei* $\mathbf{A} \in \mathcal{M}_{m,n}$ *mit den Zeilenvektoren* $\mathbf{a}'_1, \ldots, \mathbf{a}'_m$ *und* $r \in \mathbf{R} \setminus \{0\}$. *Unter den* **elementaren Zeilenumformungen** *von* **A** *verstehen wir für* $i, j = 1, \ldots, m$

1. die Multiplikation der i-ten Zeile mit r:
$$\begin{pmatrix} \vdots \\ \mathbf{a}'_i \\ \vdots \end{pmatrix} \mapsto \begin{pmatrix} \vdots \\ r\mathbf{a}'_i \\ \vdots \end{pmatrix}$$

2. die Addition der j-ten Zeile zur i-ten Zeile:
$$\begin{pmatrix} \vdots \\ \mathbf{a}'_i \\ \vdots \\ \mathbf{a}'_j \\ \vdots \end{pmatrix} \mapsto \begin{pmatrix} \vdots \\ \mathbf{a}'_i + \mathbf{a}'_j \\ \vdots \\ \mathbf{a}'_j \\ \vdots \end{pmatrix}$$

3. die Addition der r-fachen j-ten Zeile zur i-ten Zeile:
$$\begin{pmatrix} \vdots \\ \mathbf{a}'_i \\ \vdots \\ \mathbf{a}'_j \\ \vdots \end{pmatrix} \mapsto \begin{pmatrix} \vdots \\ \mathbf{a}'_i + r\mathbf{a}'_j \\ \vdots \\ \mathbf{a}'_j \\ \vdots \end{pmatrix}$$

4. Vertauschen der j-ten Zeile mit der i-ten Zeile:
$$\begin{pmatrix} \vdots \\ \mathbf{a}'_i \\ \vdots \\ \mathbf{a}'_j \\ \vdots \end{pmatrix} \mapsto \begin{pmatrix} \vdots \\ \mathbf{a}'_j \\ \vdots \\ \mathbf{a}'_i \\ \vdots \end{pmatrix}$$

Bemerkung 7.10 *Die elementaren Zeilenumformungen 3. und 4. entstehen durch wiederholte Anwendung von 1. und 2.*

Satz 7.10 *Die 4 elementaren Zeilenumformungen von* $\mathbf{A} \in \mathcal{M}_{m,n}$ *mit* $r \in \mathbf{R} \setminus \{0\}$ *lassen sich durch Matrixprodukte* $\mathbf{U}_i \mathbf{A}$ *mit den* **Elementarmatrizen** $\mathbf{U}_i \in \mathcal{M}_m$ *mit* $i = 1, 2, 3, 4$ *beschreiben. Dabei erhält man – in gleicher Reihenfolge wie die elementaren Zeilenumformungen mit gleichem* $i, j \in \{1, \ldots, m\}$ *–*

1. $\mathbf{U}_1$ *aus der Einheitsmatrix* $\mathbf{I} \in \mathcal{M}_m$ *mit der nachfolgenden Setzung* $u_{ii} := r$.

2. $\mathbf{U}_2$ *aus der Einheitsmatrix* $\mathbf{I} \in \mathcal{M}_m$ *mit der nachfolgenden Setzung* $u_{ij} := 1$.

3. $\mathbf{U}_3$ *aus der Einheitsmatrix* $\mathbf{I} \in \mathcal{M}_m$ *mit der nachfolgenden Setzung* $u_{ij} := r$.

4. $\mathbf{U}_4$, *auch* **Permutationsmatrix** *genannt, aus der Einheitsmatrix* $\mathbf{I} \in \mathcal{M}_m$ *mit den nachfolgenden Setzungen* $u_{ii} := u_{jj} := 0$ *und* $u_{ij} := u_{ji} := 1$.

Bemerkung 7.11 *Die elementaren Zeilenumformungen verändern wegen Satz 6.9 nicht den Zeilenraum von* $\mathbf{A}$. *Daher gilt:*

Satz 7.11 *Seien* $\mathbf{A}, \mathbf{B} \in \mathcal{M}_{m,n}$. *Ist* $\mathbf{B}$ *durch endlich viele elementare Zeilenumformungen aus* $\mathbf{A}$ *entstanden, so gilt:* $\mathrm{rg}(\mathbf{A}) = \mathrm{rg}(\mathbf{B})$.

Definition 7.13 *Das* **Gaußsche Eliminationsverfahren** *– zunächst in verkürzter Form – besteht darin, eine Matrix* $\mathbf{A} \in \mathcal{M}_{m,n}$ *durch endlich viele elementare Zeilenumformungen in eine Matrix*

$$
\mathbf{B} = \begin{pmatrix} 1 & \cdots & & & & & * \\ & 1 & \cdots & & & & \\ & & & \ddots & & & \\ & & & & 1 & \cdots & \\ & & & & & 1 & \cdots \\ 0 & & & & & & \end{pmatrix}
$$

von **Zeilenstufenform** *zu transformieren, wobei die ersten* p *Zeilenvektoren* $\mathbf{b}'_1, \ldots, \mathbf{b}'_p$ *keine Nullvektoren sind, die übrigen Zeilenvektoren* $\mathbf{b}'_{p+1}, \ldots, \mathbf{b}'_m$ *hingegen alle. Die Komponenten links und unterhalb der 'Einsen-Stufenlinie' von* $\mathbf{B}$ *sind gleich Null und die Komponenten rechts und oberhalb davon sind beliebig, was durch das Symbol* $*$ *bezeichnet wird. Die 'Stufenkomponente', die im* i*-ten Schritt zu Eins wird, nennt man* **Pivotelement** *oder* **Pivot**, *dessen Zeile* **Pivotzeile** *und dessen Spalte* **Pivotspalte**.

Satz 7.12   1. *Jede Matrix* $\mathbf{A} \in \mathcal{M}_{m,n}$ *läßt sich durch endlich viele elementare Zeilenumformungen in eine Matrix* $\mathbf{B} \in \mathcal{M}_{m,n}$ *in Zeilenstufenform überführen.*

2. *Sind* $\mathbf{b}'_1, \ldots, \mathbf{b}'_p$ *die ersten* p *Zeilenvektoren von* $\mathbf{B}$, *so ist* $\{\mathbf{b}'_1, \ldots, \mathbf{b}'_p\}$ *eine Basis des Zeilenraums* $ZR(\mathbf{B})$.

3. $\mathrm{rg}(\mathbf{A}) = \mathrm{rg}(\mathbf{B}) = p$.

Bemerkung 7.12 *Zu Vektoren* $\mathbf{a}_1, \ldots, \mathbf{a}_m \in \mathbf{R}^n$ *bestimmt man also eine Basis von* $Span(\mathbf{a}_1, \ldots, \mathbf{a}_m)$, *indem man die Vektoren als Zeilenvektoren in eine Matrix einträgt und diese auf Zeilenstufenform bringt. Die vom Nullvektor verschiedenen Zeilenvektoren bilden dann die gesuchte Basis.*

Damit ist nun vollständig geklärt, was Regularität ist und wie man sie bei einer Matrix nachweist.

Satz 7.13 $\mathbf{A} \in \mathcal{M}_n$ *ist genau dann regulär, wenn* $\mathrm{rg}(\mathbf{A}) = n$ *ist, in Worten: wenn* $\mathbf{A}$ **vollen Rang** *besitzt.*

Bemerkung 7.13 *1. Ein erstes Verfahren zur Berechnung der Inversen einer Matrix* $\mathbf{A} \in \mathcal{M}_n$ *verwendet ein (etwas verlängertes) Gaußsches Eliminationsverfahren: Konstruiere die Blockmatrix* $\mathbf{D} \in \mathcal{M}_{n,2n}$ *mit* $\mathbf{D} := (\mathbf{A}|\mathbf{I})$ *und* $\mathbf{I} \in \mathcal{M}_n$ *und versuche, die linke Untermatrix* $\mathbf{A}$ *durch elementare Zeilenumformungen in* $\mathbf{I}$ *zu überführen. Ist* $\mathbf{A}$ *regulär, so gelingt dieses, da*

$$\mathbf{A}^{-1}(\mathbf{A}|\mathbf{I}) = (\mathbf{A}^{-1}\mathbf{A}|\mathbf{A}^{-1}\mathbf{I}) = (\mathbf{I}|\mathbf{A}^{-1})$$

ist, wobei die rechte Untermatrix in $\mathbf{A}^{-1}$ *überführt wird. Ist* $\mathbf{A}$ *singulär, so gelingt dieses nicht, was daran zu erkennen ist, daß eine ganze Zeile der linken Untermatrix zum Nullvektor wird. Bei diesem Verfahren geht ein, daß man elementare Zeilenumformungen durch Multiplikation mit Elementarmatrizen beschreiben kann, denn die Inverse* $\mathbf{A}^{-1}$ *wird als Produkt von Elementarmatrizen erzeugt.*

2. Ebenso kann man für reguläres $\mathbf{A} \in \mathcal{M}_m$ *und* $\mathbf{X}, \mathbf{B} \in \mathcal{M}_{m,n}$ *Matrizengleichungen der Form* $\mathbf{A}\mathbf{X} = \mathbf{B}$ *durch* $\mathbf{X} = \mathbf{A}^{-1}\mathbf{B}$ *lösen: Konstruiere die Blockmatrix* $\mathbf{D} \in \mathcal{M}_{m,m+n}$ *mit* $\mathbf{D} := (\mathbf{A}|\mathbf{B})$ *und versuche, die linke Untermatrix* $\mathbf{A}$ *durch elementare Zeilenumformungen in* $\mathbf{I}$ *zu überführen. Ist* $\mathbf{A}$ *regulär, so gelingt dieses, da*

$$\mathbf{A}^{-1}(\mathbf{A}|\mathbf{B}) = (\mathbf{A}^{-1}\mathbf{A}|\mathbf{A}^{-1}\mathbf{B}) = (\mathbf{I}|\mathbf{A}^{-1}\mathbf{B}) = (\mathbf{I}|\mathbf{X})$$

Nun kommen wir zu einigen Rechenregeln für inverse Matrizen.

Satz 7.14 *Seien* $\mathbf{A}, \mathbf{B} \in \mathcal{M}_n$ *regulär und* $r \neq 0$. *Dann gilt:*

1. $(\mathbf{A}^{-1})^{-1} = \mathbf{A}$

2. $(\mathbf{A}^T)^{-1} = (\mathbf{A}^{-1})^T$

3. $(\mathbf{A}\mathbf{B})^{-1} = \mathbf{B}^{-1}\mathbf{A}^{-1}$

4. $(r\mathbf{A})^{-1} = \frac{1}{r}\mathbf{A}^{-1}$

5. Die Inverse der Diagonalmatrix $\mathbf{A}$ *mit Diagonalelementen* a_{ii} *ist auch diagonal mit den Diagonalelementen* $\frac{1}{a_{ii}}$.

6. $\mathbf{I}^{-1} = \mathbf{I}$

Schließlich wird am zweiten Punkt des folgenden Satzes zum ersten Mal der Nutzen der in der Praxis öfter anzutreffenden Blockstrukturen deutlich.

Satz 7.15   *1. Ist* $\mathbf{A} \in \mathcal{M}_n$ *eine reguläre Blockmatrix der Form*

$$\mathbf{A} = \begin{pmatrix} \mathbf{A}_{11} & \mathbf{A}_{12} \\ \mathbf{A}_{21} & \mathbf{A}_{22} \end{pmatrix}$$

und sind $\mathbf{A}_{11}$ *und* $\mathbf{C} := \mathbf{A}_{22} - \mathbf{A}_{21}\mathbf{A}_{11}^{-1}\mathbf{A}_{12}$ *auch regulär, so gilt:*

$$\mathbf{A}^{-1} = \begin{pmatrix} \mathbf{A}_{11}^{-1}(\mathbf{I} + \mathbf{A}_{12}\mathbf{C}^{-1}\mathbf{A}_{21}\mathbf{A}_{11}^{-1}) & -\mathbf{A}_{11}^{-1}\mathbf{A}_{12}\mathbf{C}^{-1} \\ -\mathbf{C}^{-1}\mathbf{A}_{21}\mathbf{A}_{11}^{-1} & \mathbf{C}^{-1} \end{pmatrix}$$

2. Für $\mathbf{A}_{12} = \mathbf{A}_{21} = \mathbf{0}$ *reduziert sich die Inverse auf*

$$\mathbf{A}^{-1} = \begin{pmatrix} \mathbf{A}_{11}^{-1} & \mathbf{0} \\ \mathbf{0} & \mathbf{A}_{22}^{-1} \end{pmatrix}$$

Kapitel 8

Lineare Gleichungssysteme

Eine der wichtigen Aufgaben der linearen Algebra ist die Lösung linearer Gleichungssysteme. Zunächst kann man diese durch Matrizen sehr kompakt darstellen. Dann dient das Gaußsche Eliminationsverfahren zur Bestimmung der Lösung, die schließlich mit Linearkombinationen vollständig beschrieben werden kann.

Definition 8.1   *1. Ein Gleichungssystem*

$$
\begin{array}{ccccccccc}
a_{11}x_1 & + & a_{12}x_2 & + & \ldots & + & a_{1n}x_n & = & b_1 \\
a_{21}x_1 & + & a_{22}x_2 & + & \ldots & + & a_{2n}x_n & = & b_2 \\
\vdots & & \vdots & & & & \vdots & & \vdots \\
a_{m1}x_1 & + & a_{m2}x_2 & + & \ldots & + & a_{mn}x_n & = & b_m
\end{array}
$$

heißt **lineares Gleichungssystem,** *kurz:* **LGS,** *mit* m **Gleichungen** *und* n **Variablen** $x_1, \ldots, x_n$ *sowie den vorgegebenen* **Koeffizienten** a_{ij}, $b_i \in \mathbf{R}$ *für* $i = 1, \ldots, m$ *und* $j = 1, \ldots, n$. *Man spricht von einem* **homogenen linearen Gleichungssystem,** *kurz:* **HLGS,** *falls* $b_1 = \ldots = b_m = 0$, *andernfalls von einem* **inhomogenen linearen Gleichungssystem,** *kurz:* **ILGS.**

2. Mit

$$
\mathbf{A} := \begin{pmatrix} a_{11} & \cdots & a_{1n} \\ \vdots & & \vdots \\ a_{m1} & \cdots & a_{mn} \end{pmatrix}, \quad \mathbf{x} := \begin{pmatrix} x_1 \\ \vdots \\ x_n \end{pmatrix}, \quad \mathbf{b} := \begin{pmatrix} b_1 \\ \vdots \\ b_m \end{pmatrix}
$$

wobei $\mathbf{A} \in \mathcal{M}_{m,n}$ **Koeffizientenmatrix,** $\mathbf{b} \in \mathbf{R}^m$ **Konstantenvektor** *und* $\mathbf{x} \in \mathbf{R}^n$ **Lösungsvektor** *genannt wird, kann man ein LGS in der Form*

$$
\mathbf{Ax} = \mathbf{b}
$$

schreiben. Dabei enthält die **erweiterte Koeffizientenmatrix**

$$
(\mathbf{A}|\mathbf{b}) := \begin{pmatrix} a_{11} & \cdots & a_{1n} & \bigm| & b_1 \\ \vdots & & \vdots & \bigm| & \vdots \\ a_{m1} & \cdots & a_{mn} & \bigm| & b_m \end{pmatrix}
$$

alle gegebenen Größen des LGS.

$$
\mathbf{L} := \{\mathbf{x} \in \mathbf{R}^n | \mathbf{Ax} = \mathbf{b}\}
$$

heißt **Lösungsmenge** *des LGS.*

Bemerkung 8.1 *Die elementaren Zeilenumformungen aus Def. 7.12 der Matrix* $(\mathbf{A}|\mathbf{b})$, *die – siehe Bem. 7.11 – den Zeilenraum von* $(\mathbf{A}|\mathbf{b})$ *nicht verändern, entsprechen folgenden Umformungen des LGS (mit* $i, j = 1, \ldots, m$ *und* $r \in \mathbf{R}$), *die dessen Lösungsmenge nicht verändern:*

1. *Multiplikation einer Gleichung mit* r.

2. *Addition der j-ten Gleichung zur i-ten Gleichung.*

3. *Addition der r-fachen j-ten Gleichung zur i-ten Gleichung.*

4. *Vertauschen der j-ten Gleichung mit der i-ten Gleichung.*

Wir nehmen noch die Vertauschung der i-ten mit der j-ten Spalte der Matrix $\mathbf{A}$ *hinzu, die der Vertauschung der Variablen* x_i *und* x_j *(mit Koeffizienten) entspricht.*

Bemerkung 8.2 *Die Varianten und Probleme bei der Lösung eines LGS werden schon bei* $m = 1$ *Gleichung und* $n = 1$ *Variable, also* $ax = b$ *mit* a, $b \in \mathbf{R}$ *deutlich:*

1. *Für* $a \neq 0$ *gibt es genau 1 Lösung* $x = \frac{b}{a}$.

2. *Für* $a = 0$ *und* $b \neq 0$ *gibt es keine Lösung.*

3. *Für* $a = b = 0$ *gibt es unendlich viele Lösungen* $x \in \mathbf{R}$.

Auch für $(m, n) \neq (1, 1)$ *gibt es nur diese drei Möglichkeiten: Keine, genau eine oder unendlich viele Lösungen.*

Satz 8.1 *Sei* $\mathbf{A}x = \mathbf{b}$ *ein LGS mit* $\mathbf{A} \in \mathcal{M}_{m,n}$. *Dann läßt sich die erweiterte Koeffizientenmatrix* $(\mathbf{A}|\mathbf{b})$ *durch elementare Zeilenumformungen von* $(\mathbf{A}|\mathbf{b})$ *und Spaltenvertauschungen von* $\mathbf{A}$ *stets in eine der folgenden Formen* $(\hat{\mathbf{A}}|\hat{\mathbf{b}})$ *überführen:*

1. $(\hat{\mathbf{A}}|\hat{\mathbf{b}}) = \begin{pmatrix} 1 & 0 & \ldots & 0 & \hat{b}_1 \\ 0 & 1 & \ldots & 0 & \hat{b}_2 \\ \vdots & \vdots & \ddots & \vdots & \vdots \\ 0 & 0 & \ldots & 1 & \hat{b}_n \end{pmatrix}$

   mit $m = n$ *und den* **Basisvariablen** *(kurz:* **BV***)* $\hat{x}_1, \ldots, \hat{x}_n$.

2. $(\hat{\mathbf{A}}|\hat{\mathbf{b}}) = \begin{pmatrix} 1 & 0 & \ldots & 0 & \hat{b}_1 \\ 0 & 1 & \ldots & 0 & \hat{b}_2 \\ \vdots & \vdots & \ddots & \vdots & \vdots \\ 0 & 0 & \ldots & 1 & \hat{b}_n \\ 0 & 0 & \ldots & 0 & \hat{b}_{n+1} \\ \vdots & \vdots & & \vdots & \vdots \\ 0 & 0 & \ldots & 0 & \hat{b}_m \end{pmatrix}$

   mit $m > n$ *und den Basisvariablen* $\hat{x}_1, \ldots, \hat{x}_n$.

$$3. \ (\hat{\mathbf{A}}|\hat{\mathbf{b}}) = \begin{pmatrix} 1 & 0 & \dots & 0 & \hat{a}_{1,m+1} & \dots & \hat{a}_{1n} & \vline & \hat{b}_1 \\ 0 & 1 & \dots & 0 & \hat{a}_{2,m+1} & \dots & \hat{a}_{2n} & \vline & \hat{b}_2 \\ \vdots & \vdots & \ddots & \vdots & \vdots & & \vdots & \vline & \vdots \\ 0 & 0 & \dots & 1 & \hat{a}_{m,m+1} & \dots & \hat{a}_{mn} & \vline & \hat{b}_m \end{pmatrix}$$

mit $m < n$ und den Basisvariablen $\hat{x}_1, \dots, \hat{x}_m$ sowie den **Nichtbasisvariablen** *(kurz:* **NBV***) $\hat{x}_{m+1}, \dots, \hat{x}_n$.*

$$4. \ (\hat{\mathbf{A}}|\hat{\mathbf{b}}) = \begin{pmatrix} 1 & 0 & \dots & 0 & \hat{a}_{1,p+1} & \dots & \hat{a}_{1n} & \vline & \hat{b}_1 \\ 0 & 1 & \dots & 0 & \hat{a}_{2,p+1} & \dots & \hat{a}_{2n} & \vline & \hat{b}_2 \\ \vdots & \vdots & \ddots & \vdots & \vdots & & \vdots & \vline & \vdots \\ 0 & 0 & \dots & 1 & \hat{a}_{p,p+1} & \dots & \hat{a}_{pn} & \vline & \hat{b}_p \\ 0 & 0 & \dots & 0 & 0 & \dots & 0 & \vline & \hat{b}_{p+1} \\ \vdots & \vdots & & \vdots & \vdots & & \vdots & \vline & \vdots \\ 0 & 0 & \dots & 0 & 0 & \dots & 0 & \vline & \hat{b}_m \end{pmatrix}$$

mit $p < \min\{m, n\}$ und den Basisvariablen $\hat{x}_1, \dots, \hat{x}_p$ sowie den Nichtbasisvariablen $\hat{x}_{p+1}, \dots, \hat{x}_n$.

Bemerkung 8.3 *Wir nennen also die Variablen Basisvariablen, in deren Spalten der Matrix $\mathbf{A}$ durch das Gaußsche Eliminationsverfahren eine Pivot-Eins erzeugt worden ist. Die übrigen Variablen heißen Nichtbasisvariablen.*

Es folgen die wichtigen Rangbedingungen zur Lösbarkeit eines LGS.

Satz 8.2 *Sei $\mathbf{A}\mathbf{x} = \mathbf{b}$ ein LGS mit $\mathbf{A} \in \mathcal{M}_{m,n}$ und der erweiterten Koeffizientenmatrix $(\mathbf{A}|\mathbf{b})$ bzw. $(\hat{\mathbf{A}}|\hat{\mathbf{b}})$. Dann gilt:*

1. $\mathrm{rg}(\mathbf{A}) = \mathrm{rg}(\hat{\mathbf{A}})$

2. $\mathrm{rg}(\mathbf{A}|\mathbf{b}) = \mathrm{rg}(\hat{\mathbf{A}}|\hat{\mathbf{b}})$

3. $\mathrm{rg}(\mathbf{A}) \leq \mathrm{rg}(\mathbf{A}|\mathbf{b})$

4. $\mathrm{rg}(\mathbf{A}) < \mathrm{rg}(\mathbf{A}|\mathbf{b}) \iff \mathbf{A}\mathbf{x} = \mathbf{b}$ nicht lösbar.

5. $\mathrm{rg}(\mathbf{A}) = \mathrm{rg}(\mathbf{A}|\mathbf{b}) \iff \mathbf{A}\mathbf{x} = \mathbf{b}$ lösbar.

6. $\mathrm{rg}(\mathbf{A}) = \mathrm{rg}(\mathbf{A}|\mathbf{b}) = n \iff \mathbf{A}\mathbf{x} = \mathbf{b}$ eindeutig lösbar.

Bemerkung 8.4 *Für die Lösbarkeit von $\mathbf{A}\mathbf{x} = \mathbf{b}$ folgt aus der Form von $(\hat{\mathbf{A}}|\hat{\mathbf{b}})$ (in gleicher Reihenfolge wie in Satz 8.1):*

1. Hier existiert immer die eindeutige Lösung

$$\hat{x}_1 = \hat{b}_1, \dots, \hat{x}_n = \hat{b}_n$$

da $\mathrm{rg}(\mathbf{A}) = \mathrm{rg}(\mathbf{A}|\mathbf{b}) = n$.

2. *Hier existiert die gleiche eindeutige Lösung nur, wenn*

$$\hat{b}_{n+1} = \ldots = \hat{b}_m = 0$$

da nur dann $\mathrm{rg}(\mathbf{A}) = \mathrm{rg}(\mathbf{A}|\mathbf{b}) = n$. *Sonst ist* $\mathrm{rg}(\mathbf{A}) < \mathrm{rg}(\mathbf{A}|\mathbf{b})$ *und das ILGS ist unlösbar, da es* **überbestimmt** *ist (mehr Gleichungen als Variablen).*

3. *Hier existiert immer eine Lösung, da* $\mathrm{rg}(\mathbf{A}) = \mathrm{rg}(\mathbf{A}|\mathbf{b})$, *z.B.*

$$\hat{x}_1 = \hat{b}_1, \ldots, \hat{x}_m = \hat{b}_m, \hat{x}_{m+1} = \ldots = \hat{x}_n = 0$$

Diese ist aber i.a. nicht mehr eindeutig, da $\mathrm{rg}(\mathbf{A}) = \mathrm{rg}(\mathbf{A}|\mathbf{b}) < n$, *das ILGS also* **unterbestimmt** *ist (weniger Gleichungen als Variablen). Mit der vollständigen Angabe der Lösungsmenge befassen wir uns weiter unten.*

4. *Hier existiert eine Lösung auch nur, wenn*

$$\hat{b}_{p+1} = \ldots = \hat{b}_m = 0$$

da nur dann $\mathrm{rg}(\mathbf{A}) = \mathrm{rg}(\mathbf{A}|\mathbf{b})$. *Sonst ist* $\mathrm{rg}(\mathbf{A}) < \mathrm{rg}(\mathbf{A}|\mathbf{b})$ *und das ILGS ist unlösbar. Die eventuelle Lösung ist zudem i.a. nicht mehr eindeutig, da dann* $\mathrm{rg}(\mathbf{A}) = \mathrm{rg}(\mathbf{A}|\mathbf{b}) = p < n$

Bemerkung 8.5 *Sei* $\mathbf{Ax} = \mathbf{b}$ *ein lösbares LGS mit* $\mathbf{A} \in \mathcal{M}_{m,n}$ *und* $\mathrm{rg}(\mathbf{A}) = \mathrm{rg}(\mathbf{A}|\mathbf{b}) = p < n$. *Dann sind* $n - p$ *Komponenten des Lösungsvektors* $\mathbf{x} \in \mathbf{R}^n$ *frei wählbar. Es gibt daher unendlich viele Lösungen, die im folgenden beschrieben werden sollen. Dazu bearbeiten wir zunächst den einfacheren Sonderfall des HLGS, in dem* $\mathbf{b} = \mathbf{0}$ *gilt.*

Satz 8.3 *Sei* $\mathbf{Ax} = \mathbf{0}$ *ein HLGS mit* $\mathbf{A} \in \mathcal{M}_{m,n}$. *Dann gilt:*

1. $\mathrm{rg}(\mathbf{A}) = n \iff \mathbf{Ax} = \mathbf{0}$ *eindeutig lösbar durch* $\mathbf{x} = \mathbf{0}$.

2. $\mathrm{rg}(\mathbf{A}) = p < n \iff \mathbf{Ax} = \mathbf{0}$ *lösbar durch* $\mathbf{x} = \mathbf{0}$ *sowie durch weitere* $n - p$ *linear unabhängige Lösungsvektoren* $\mathbf{x}_1, \ldots, \mathbf{x}_{n-p} \in \mathbf{R}^n$, *so daß jede Lösung von der Form*

$$\mathbf{x}_0 = r_1 \mathbf{x}_1 + \ldots + r_{n-p} \mathbf{x}_{n-p}$$

   allgemeine Lösung des HLGS *genannt, ist und* $r_1, \ldots, r_{n-p} \in \mathbf{R}$ *sind.*

3. *Insbesondere ist ein HLGS also (durch* $\mathbf{x} = \mathbf{0}$*) immer lösbar.*

Bemerkung 8.6 *Gilt* $\mathrm{rg}(\mathbf{A}) = n$, *so ist die Lösungsmenge des HLGS* $\mathbf{Ax} = \mathbf{0}$ *der (0-dimensionale) Nullvektorraum. Die Lösungsmenge eines HLGS mit* $\mathrm{rg}(\mathbf{A}) = p < n$ *hingegen bildet einen* $(n - p)$*-dimensionalen Untervektorraum des* $\mathbf{R}^n$. *Um alle Lösungen des Systems zu ermitteln, benötigt man eine Basis, für die es aber unendlich viele Möglichkeiten gibt. Daher wird hier eine* <u>Konvention</u> *eingeführt, wie diese Basis eindeutig zu wählen ist.* $(n - p)$ *Komponenten jedes Basisvektors* $\mathbf{x} \in \mathbf{R}^n$ *sind frei wählbar. Daher setze man den Teilvektor der Nichtbasisvariablen*

$$\begin{pmatrix} \hat{x}_{p+1} \\ \vdots \\ \hat{x}_n \end{pmatrix} \in \mathbf{R}^{n-p}$$

der Reihe nach mit den $(n-p)$ Einheitsvektoren des $\mathbf{R}^{n-p}$ gleich, was u.a. die lineare Unabhängigkeit der Basisvektoren garantiert, und bestimme daraus jeweils die fehlenden Komponenten $\hat{x}_{1,k},\ldots,\hat{x}_{p,k}$, $k=1,\ldots,n-p$, des jeweiligen Basisvektors. Man erhält so folgende Lösung des HLGS:

$$L=\left\{\mathbf{x}_0\in\mathbf{R}^n\ \Bigg|\ \mathbf{x}_0=r_1\begin{pmatrix}\hat{x}_{1,1}\\\vdots\\\hat{x}_{p,1}\\1\\0\\\vdots\\0\end{pmatrix}+\ldots+r_{n-p}\begin{pmatrix}\hat{x}_{1,n-p}\\\vdots\\\hat{x}_{p,n-p}\\0\\0\\\vdots\\1\end{pmatrix},\ r_1,\ldots,r_{n-p}\in\mathbf{R}\right\}$$

Die Komponenten $\hat{x}_{1,k},\ldots,\hat{x}_{p,k}$, $k=1,\ldots,n-p$, sind im übrigen bis auf einen Vorzeichenwechsel direkt aus der Matrix $(\hat{\mathbf{A}}|\hat{\mathbf{b}})$ abzulesen.

Bemerkung 8.7 *Die Lösungsmenge eines HLGS ist immer ein Vektorraum, enthält also immer den Nullpunkt. Die Lösungsmenge eines ILGS $\mathbf{Ax}=\mathbf{b}$ mit $\mathbf{b}\neq\mathbf{0}$ ist kein Vektorraum, da sie den Nullpunkt NICHT enthält, sondern ein **affiner** Vektorraum, also ein verschobener Vektorraum, der zu diesem 'ähnlich' ist. Daher spricht man bei Geraden, Ebenen, etc. auch von affin-linearen Funktionen, da nur die Geraden, Ebenen, etc. durch den Nullpunkt wirklich linear im strengen mathematischen Sinne sind – siehe Abschnitt 9.1. Man erhält also jetzt die Lösungsmenge eines ILGS, indem man die Lösungsmenge des zugehörigen HLGS verschiebt. Dieses geschieht mit einer speziellen Lösung des ILGS, also mit einem Punkt, der auf diesem verschobenen Raum liegt. Wiederum gibt es dabei unendlich viele Möglichkeiten, so daß auch hier nur durch Konvention ein eindeutiger Weg festgelegt werden kann.*

Satz 8.4 *Sei $\mathbf{Ax}=\mathbf{b}$ ein ILGS mit $\mathbf{A}\in\mathcal{M}_{m,n}$ und $\mathrm{rg}(\mathbf{A})=\mathrm{rg}(\mathbf{A}|\mathbf{b})=p<n$. Hat jede Lösung des HLGS $\mathbf{Ax}=\mathbf{0}$ die Form*

$$\mathbf{x}_0=r_1\mathbf{x}_1+\ldots+r_{n-p}\mathbf{x}_{n-p}$$

*und ist $\mathbf{x}'$ eine **spezielle Lösung** des ILGS, so hat jede Lösung des ILGS die Form*

$$\mathbf{x}_*=\mathbf{x}'+\mathbf{x}_0=\mathbf{x}'+r_1\mathbf{x}_1+\ldots+r_{n-p}\mathbf{x}_{n-p}$$

mit $r_1,\ldots,r_{n-p}\in\mathbf{R}$.

Bemerkung 8.8 *Die per Konvention festgelegte spezielle Lösung $\mathbf{x}'\in\mathbf{R}^n$ des ILGS erhält man aus $\hat{\mathbf{A}}\hat{\mathbf{x}}=\hat{\mathbf{b}}$ durch Nullsetzung der Nichtbasisvariablen*

$$\hat{x}_1:=\hat{b}_1,\ldots,\hat{x}_p:=\hat{b}_p,\quad \hat{x}_{p+1}:=\ldots:=\hat{x}_n:=0$$

Die Lösung des ILGS lautet somit mit $r_1,\ldots,r_{n-p}\in\mathbf{R}$:

$$L=\left\{\mathbf{x}_*\in\mathbf{R}^n\ \Bigg|\ \mathbf{x}_*=\begin{pmatrix}\hat{b}_1\\\vdots\\\hat{b}_p\\0\\0\\\vdots\\0\end{pmatrix}+r_1\begin{pmatrix}\hat{x}_{1,1}\\\vdots\\\hat{x}_{p,1}\\1\\0\\\vdots\\0\end{pmatrix}+\ldots+r_{n-p}\begin{pmatrix}\hat{x}_{1,n-p}\\\vdots\\\hat{x}_{p,n-p}\\0\\0\\\vdots\\1\end{pmatrix}\right\}$$

Kapitel 9

Eigenwertprobleme

9.1   Lineare Abbildungen

In diesem Kapitel werden nur quadratische Matrizen betrachtet, für die dann Determinanten, Eigenwerte und quadratische Formen eingeführt werden. Zum wirklichen, anschaulichen Verständnis der ersten beiden Begriffe sind aber einige Grundkenntnisse der Theorie linearer Abbildungen unerläßlich, die in diesem Abschnitt vermittelt werden sollen. Lineare Abbildungen des $\mathbf{R}^n$ (in den $\mathbf{R}^n$) sind genau die Abbildungen, die sich durch Multiplikation von Vektoren des $\mathbf{R}^n$ mit Matrizen $\mathbf{A} \in \mathcal{M}_n$ beschreiben lassen. Daher dienen die Eigenschaften der Matrizen zur Beschreibung der Eigenschaften der Abbildungen.

Definition 9.1 *Eine Abbildung $f : \mathbf{R}^n \to \mathbf{R}^n$ mit Urbildern $\mathbf{x} \in \mathbf{R}^n$ und Bildern $\mathbf{y} = \mathbf{f}(\mathbf{x}) \in \mathbf{R}^n$ heißt* **linear**, *wenn ein $\mathbf{A} \in \mathcal{M}_n$ existiert mit $f(\mathbf{x}) = \mathbf{Ax}$.*

Bemerkung 9.1 *Die linearen Abbildungen $f : \mathbf{R} \to \mathbf{R}$ sind demnach genau die Abbildungen $f(x) = ax$ mit $a \in \mathbf{R}$, also – in der gewohnten Darstellung im $\mathbf{R}^2$ – die Geraden durch den Nullpunkt. Man kann sich diese Abbildungen, da hier Definitionsbereich und Bildbereich identisch sind, aber auch nur auf der reellen Zahlenachse als Streckungen ($a > 1$), Stauchungen ($0 < a < 1$) oder Spiegelungen ($a < 0$) aller Punkte in $\mathbf{R}$ veranschaulichen. Diese Vorgehensweise, die sich also von der in Vorkurs und Analysis unterscheidet, soll in diesem Kapitel NUR gewählt werden. Bei den zur Veranschaulichung im weiteren nur verwendeten linearen Abbildungen des $\mathbf{R}^2$ in den $\mathbf{R}^2$ geht es also darum, wie alle Punkte des $\mathbf{R}^2$ durch lineare Abbildungen gestreckt, gestaucht, gespiegelt oder gedreht werden. Man vergleiche auch Abschnitt 10.4 zu einer weiteren Art der Veranschaulichung von Abbildungen.*

Satz 9.1 *Eine Abbildung $f : \mathbf{R}^n \to \mathbf{R}^n$ ist genau dann linear, wenn $\forall\, \mathbf{x}_1, \mathbf{x}_2 \in \mathbf{R}^n$ und $r_1, r_2 \in \mathbf{R}$ gilt:*

$$f(r_1\mathbf{x}_1 + r_2\mathbf{x}_2) = r_1 f(\mathbf{x}_1) + r_2 f(\mathbf{x}_2)$$

Satz 9.2 *Seien*

$$f : \mathbf{R}^n \to \mathbf{R}^n, \quad f(\mathbf{x}) = \mathbf{Ax}, \quad \mathbf{A} \in \mathcal{M}_n$$
$$g : \mathbf{R}^n \to \mathbf{R}^n, \quad g(\mathbf{x}) = \mathbf{Bx}, \quad \mathbf{B} \in \mathcal{M}_n$$

lineare Abbildungen. Dann gilt:

1. $f = g \iff \mathbf{A} = \mathbf{B}$

2. $f + g : \mathbf{R}^n \to \mathbf{R}^n$ ist linear mit $(f + g)(\mathbf{x}) = (\mathbf{A} + \mathbf{B})\mathbf{x}$

3. $f - g : \mathbf{R}^n \to \mathbf{R}^n$ ist linear mit $(f - g)(\mathbf{x}) = (\mathbf{A} - \mathbf{B})\mathbf{x}$

4. $g \circ f : \mathbf{R}^n \to \mathbf{R}^n$ ist linear mit $(g \circ f)(\mathbf{x}) = \mathbf{B}\mathbf{A}\mathbf{x}$

Bemerkung 9.2 *Bei den linearen Abbildungen* $f : \mathbf{R} \to \mathbf{R}$, $f(x) = ax$ *mit* $a \in \mathbf{R}$ *könnte auch* $a = 0$ – *was in obiger Bemerkung fehlt* – *gelten, wodurch jedes* $x \in \mathbf{R}$ *auf* $f(x) = 0$ *(den 0-dimensionalen Nullvektorraum) abgebildet würde. Dann wäre aber* $\mathrm{rg}(a) = 0$, *was nach dem folgenden Satz hinreichend und notwendig für das degenerierte Verhalten der Abbildung ist, denn* f *ist genau dann bijektiv, wenn* $a \neq 0$ *gilt.*

Satz 9.3 *Sei* $f : \mathbf{R}^n \to \mathbf{R}^n$, $f(\mathbf{x}) = \mathbf{A}\mathbf{x}$ *mit* $\mathbf{A} \in \mathcal{M}_n$ *eine lineare Abbildung. Dann ist* f *bijektiv* $\iff \mathrm{rg}(\mathbf{A}) = n$.

Bemerkung 9.3 *f ist bijektiv* $\iff \mathbf{y} = \mathbf{A}\mathbf{x}$ *eindeutig lösbar* $\forall\, \mathbf{y} \in \mathbf{R}^n$ – *siehe Satz 8.2.*

Satz 9.4 *Sei*

$$f : \mathbf{R}^n \to \mathbf{R}^n, \quad \mathbf{y} = f(\mathbf{x}) = \mathbf{A}\mathbf{x}, \quad \mathbf{A} \in \mathcal{M}_n, \quad \mathrm{rg}(\mathbf{A}) = n$$

eine bijektive lineare Abbildung. Dann ist

$$f^{-1} : \mathbf{R}^n \to \mathbf{R}^n, \quad \mathbf{x} = f^{-1}(\mathbf{y}) := \mathbf{A}^{-1}\mathbf{y}$$

die dazu **inverse Abbildung***.*

Bemerkung 9.4 *f^{-1} ist ebenfalls bijektiv und linear und es ergeben sich die Identitäten:*

$$f \circ f^{-1} : \mathbf{R}^n \to \mathbf{R}^n \quad (f \circ f^{-1})(\mathbf{y}) = \mathbf{A}\mathbf{A}^{-1}\mathbf{y} = \mathbf{I}\mathbf{y} = \mathbf{y}$$
$$f^{-1} \circ f : \mathbf{R}^n \to \mathbf{R}^n \quad (f^{-1} \circ f)(\mathbf{x}) = \mathbf{A}^{-1}\mathbf{A}\mathbf{x} = \mathbf{I}\mathbf{x} = \mathbf{x}$$

Bemerkung 9.5 *Bei den bijektiven linearen Abbildungen* $f : \mathbf{R}^2 \to \mathbf{R}^2$, $f(\mathbf{x}) = \mathbf{A}\mathbf{x}$ *gibt es die folgenden wichtigen Grundtypen, jeweils durch* $\mathbf{A} \in \mathcal{M}_2$ *beschrieben:*

1. **Identität:** $\mathbf{I} = \begin{pmatrix} 1 & 0 \\ 0 & 1 \end{pmatrix}$

   Die Identität bildet alle Punkte des $\mathbf{R}^2$ *auf sich selbst ab.*

2. **Streckungen/Stauchungen:** $\mathbf{A}_S := \begin{pmatrix} a & 0 \\ 0 & a \end{pmatrix}$, $a > 0$

   Die Streckung $(a > 1)$ *streckt alle Punkte des* $\mathbf{R}^2$ *mit dem Faktor* a *weg vom Nullpunkt. Die Stauchung* $(a < 1)$ *staucht alle Punkte des* $\mathbf{R}^2$ *mit dem Faktor* a *hin zum Nullpunkt.*

3. **Geradenspiegelungen:** $\mathbf{A}_{G1} := \begin{pmatrix} 1 & 0 \\ 0 & -1 \end{pmatrix}$, $\mathbf{A}_{G2} := \begin{pmatrix} -1 & 0 \\ 0 & 1 \end{pmatrix}$

   Geradenspiegelungen spiegeln alle Punkte des $\mathbf{R}^2$ *an einer Geraden. Diese Standardformen spiegeln an der Abszisse* $(\mathbf{A}_{G1})$ *bzw. Ordinate* $(\mathbf{A}_{G2})$.

4. **Punktspiegelungen:** $\mathbf{A}_P := \begin{pmatrix} -1 & 0 \\ 0 & -1 \end{pmatrix}$

Punktspiegelungen spiegeln alle Punkte des $\mathbf{R}^2$ an einem Punkt. Diese Standardform spiegelt am Nullpunkt.

5. **Drehungen:** $\mathbf{A}_D := \begin{pmatrix} \cos(\alpha) & \sin(\alpha) \\ -\sin(\alpha) & \cos(\alpha) \end{pmatrix}, \ \alpha \in [0, 2\pi)$

Diese Drehung dreht alle Punkte des $\mathbf{R}^2$ mit dem Winkel α im Uhrzeigersinn um den Nullpunkt. Ein Vorzeichenwechsel auf der Nebendiagonalen von $\mathbf{A}_D$ liefert die Drehung gegen den Uhrzeigersinn.

Diese – und noch weitere – Grundtypen gibt es auch bei den bijektiven linearen Abbildungen $f : \mathbf{R}^n \to \mathbf{R}^n$ mit $n \geq 3$, die man durch Matrizenmultiplikation, also die Verkettung linearer Abbildungen – siehe Satz 9.2 –, noch kombinieren kann. Zudem wird in Abschnitt 9.3 ausführlich betrachtet, wie ein 'ungünstiges' Koordinatensystem den eventuell sehr einfachen Typ einer Abbildung verdecken kann. Es ist also i.a. sehr schwierig, einer beliebigen regulären Matrix $\mathbf{A} \in \mathcal{M}_n$ anzusehen, wie sie auf die Vektoren $\mathbf{x} \in \mathbf{R}^n$ wirkt. Daher geht es in den nächsten Abschnitten darum, Kenngrößen für gewisse Eigenschaften $\underline{quadratischer}$ Matrizen und ihrer Wirkung zu entwickeln. In gewissen Fällen ist man auch in der Lage, ein Koordinatensystem zu ermitteln, das zwar i.a. verschieden von der kanonischen Basis ist, aber dafür die Wirkung der betrachteten Matrix einfach ablesen läßt.

9.2 Determinanten

Determinanten dienen u.a. zur Berechnung der Eigenwerte von Matrizen im nächsten Abschnitt. Die in vielen Büchern erwähnte Anwendung von Determinanten in der Cramerschen Regel zur Lösung mancher linearer Gleichungssysteme ist in der Praxis aber völlig bedeutungslos und wird hier daher nicht betrachtet.

Interessanter ist dagegen das folgende: Geometrisch gesehen – näheres dazu am Ende dieses Abschnitts – ist die Determinante ein Maß für die 'Volumenverzerrung', die durch die Wirkung einer Matrix auf die Punkte eines $\mathbf{R}^n$ erzeugt wird. So treten z.B. in den multivariaten Verfahren, die in der Statistik oder auch im Marketing vorgestellt werden, viele Matrizen auf, die die aus empirischen Daten für gewisse Zwecke gewonnene Information enthalten. Diese Matrizen dürfen dann von den eingesetzten Algorithmen nur so transformiert werden, daß diese Information nicht verändert wird, was gleichbedeutend damit ist, daß man diese Matrizen nur mit Matrizen mit Determinante Eins multiplizieren darf.

Die nun folgende Rechenvorschrift für Determinanten, genannt **Laplacescher Entwicklungssatz**, ist eigentlich keine Definition, aber es lohnt sich, die sehr unübersichtliche übliche Definition für Determinanten über Permutationen und Inversionen zu umgehen.

Definition 9.2 *Sei $\mathbf{A} = (a_{ij})_{n,n} \in \mathcal{M}_n$. Für $n \geq 2$ und $i, j = 1, \dots, n$ ist der* **Minor** $\mathbf{A}_{ij}$ *diejenige Matrix, die aus $\mathbf{A}$ durch Streichen der i-ten Zeile und der j-ten Spalte entsteht. Dann wird die* **Determinante** *von $\mathbf{A}$ rekursiv definiert als $\det : \mathcal{M}_n \to \mathbf{R}$ mit*

$$\det(\mathbf{A}) = |\mathbf{A}| := a_{11}$$

für n = 1 und für n ≥ 2 durch

$$\det(\mathbf{A}) = |\mathbf{A}| := \sum_{j=1}^{n} a_{ij}(-1)^{i+j}\det(\mathbf{A}_{ij})$$

für ein $i \in \{1,\ldots,n\}$, **Entwicklung nach der i-ten Zeile** *genannt, oder gleichwertig durch*

$$\det(\mathbf{A}) = |\mathbf{A}| := \sum_{i=1}^{n} a_{ij}(-1)^{i+j}\det(\mathbf{A}_{ij})$$

für ein $j \in \{1,\ldots,n\}$, **Entwicklung nach der j-ten Spalte** *genannt. Der Term* $(-1)^{i+j}\det(\mathbf{A}_{ij})$ *heißt* **Adjunkte** *oder* **Kofaktor** *der Komponente* a_{ij}.

$$A_{adj} := ((-1)^{i+j}\det(\mathbf{A}_{ij}))_{n,n}$$

nennt man die zu **A** **adjungierte Matrix**.

Bemerkung 9.6   *1. Für n = 2 folgt:*

$$\det(\mathbf{A}) = \begin{vmatrix} a_{11} & a_{12} \\ a_{21} & a_{22} \end{vmatrix} = a_{11}a_{22} - a_{12}a_{21}$$

= Produkt der Hauptdiagonalelemente - Produkt der Nebendiagonalelemente.

2. Für n = 3 folgt:

$$\det(\mathbf{A}) = \begin{vmatrix} a_{11} & a_{12} & a_{13} \\ a_{21} & a_{22} & a_{23} \\ a_{31} & a_{32} & a_{33} \end{vmatrix}$$
$$= a_{11}a_{22}a_{33} + a_{12}a_{23}a_{31} + a_{13}a_{21}a_{32} - a_{11}a_{23}a_{32} - a_{12}a_{21}a_{33} - a_{13}a_{22}a_{31}$$

Diesen Ausdruck kann man sich leichter merken, indem man die 1. und 2. Spalte von **A** *noch einmal neben die Matrix schreibt, also das Tableau*

$$\begin{array}{ccccc} a_{11} & a_{12} & a_{13} & a_{11} & a_{12} \\ a_{21} & a_{22} & a_{23} & a_{21} & a_{22} \\ a_{31} & a_{32} & a_{33} & a_{31} & a_{32} \end{array}$$

*betrachtet, und jetzt die Summe der Produkte auf der Hauptdiagonalen und ihrer beiden rechten Nachbardiagonalen minus der Summe der Produkte auf der Nebendiagonalen und ihrer beiden rechten Nachbardiagonalen bildet (***Regel von Sarrus***).*

3. Es gibt keine Sarrus-Regel für n ≥ 4. Man wendet dann den Laplaceschen Entwicklungssatz direkt an und entwickelt dabei nach den Zeilen oder Spalten, die möglichst viele Nullen enthalten.

Neben den bisher erwähnten Möglichkeiten kann man auch das Gaußsche Eliminationsverfahren zur Berechnung von Determinanten einsetzen. Dazu stellt der folgende Satz die Wirkung elementarer Zeilen- und Spaltenumformungen auf Determinanten vor.

Satz 9.5 *Sei* **A** $\in \mathcal{M}_n$ *und* $r \in \mathbf{R}$. *Dann gilt:*

1. *Multiplikation einer Zeile oder Spalte von* $\mathbf{A}$ *mit* r *bewirkt die Multiplikation von* $\det(\mathbf{A})$ *mit* r.

2. *Die Vertauschung zweier Zeilen oder zweier Spalten dreht das Vorzeichen von* $\det(\mathbf{A})$ *um.*

3. *Die Addition einer Zeile (oder Spalte) mit dem* r-*fachen einer anderen Zeile (oder Spalte) ändert* $\det(\mathbf{A})$ *nicht.*

4. *Ist eine Zeile oder Spalte von* $\mathbf{A}$ *der Nullvektor, so folgt:* $\det(\mathbf{A}) = 0$.

5. *Für (untere oder obere) Dreiecksmatrizen, insbesondere also auch für Diagonalmatrizen, gilt:* $\det(\mathbf{A}) = \Pi_{i=1}^{n} a_{ii}$.

6. $\det(\mathbf{I}) = 1$

Bemerkung 9.7 *Man bringt also* $\mathbf{A} = (a_{ij})_{n,n}$ *durch elementare Zeilen- und Spaltenumformungen auf Dreiecksgestalt* $\mathbf{A}^{*} = (a_{ij}^{*})_{n,n}$, *um dann mit*

$$\det(\mathbf{A}) = (-1)^{k} \Pi_{i=1}^{n} a_{ii}^{*}$$

die gewünschte Determinante zu erhalten, wobei k *die Anzahl der Zeilen- und Spaltenvertauschungen ist.*

Es folgenden wieder einige Rechenregeln.

Satz 9.6 *Sei* $\mathbf{A} \in \mathcal{M}_{n}$ *und* $r \in \mathbf{R}$. *Dann gilt:*

1. $\det(\mathbf{A}) = \det(\mathbf{A}^{T})$

2. $\det(r\mathbf{A}) = r^{n} \det(\mathbf{A})$

3. $\det(\mathbf{AB}) = \det(\mathbf{A}) \det(\mathbf{B})$

Bemerkung 9.8 *I.a. gilt:* $\det(\mathbf{A} + \mathbf{B}) \neq \det(\mathbf{A}) + \det(\mathbf{B})$

Satz 9.7 $\mathbf{A} \in \mathcal{M}_{n}$ *ist regulär* $\iff \det(\mathbf{A}) \neq 0$.

Schließlich können Determinanten auch zur Berechnung der Inversen einer Matrix dienen. Dieser Weg ist aber i.a. umständlicher als das in Abschnitt 7.3 erläuterte Gaußsche Eliminationsverfahren.

Satz 9.8 *Sei* $\mathbf{A} \in \mathcal{M}_{n}$ *regulär. Dann gilt:*

1. $\mathbf{A}^{-1} = \frac{1}{\det(\mathbf{A})} \mathbf{A}_{adj}^{T}$

2. $\det(\mathbf{A}^{-1}) = \frac{1}{\det(\mathbf{A})}$

Auch bei der Berechnung von Determinanten können günstige Blockstrukturen sehr zeitsparend ausgenutzt werden, wie der letzte Punkt des folgenden Satzes zeigt.

Satz 9.9 *Sei* $\mathbf{A} \in \mathcal{M}_n$ *eine quadratische Blockmatrix der Form*

$$\mathbf{A} = \begin{pmatrix} \mathbf{A}_{11} & \mathbf{A}_{12} \\ \mathbf{A}_{21} & \mathbf{A}_{22} \end{pmatrix}$$

1. Ist $\mathbf{A}_{11}$ *regulär, so gilt:*

$$\det(\mathbf{A}) = \det(\mathbf{A}_{11}) \det(\mathbf{A}_{22} - \mathbf{A}_{21}\mathbf{A}_{11}^{-1}\mathbf{A}_{12})$$

2. Ist $\mathbf{A}_{22}$ *regulär, so gilt:*

$$\det(\mathbf{A}) = \det(\mathbf{A}_{22}) \det(\mathbf{A}_{11} - \mathbf{A}_{12}\mathbf{A}_{22}^{-1}\mathbf{A}_{21})$$

3. Für $\mathbf{A}_{12} = \mathbf{0}$ *oder* $\mathbf{A}_{21} = \mathbf{0}$ *reduzieren sich vorstehende Resultate auf*

$$\det(\mathbf{A}) = \det(\mathbf{A}_{11}) \det(\mathbf{A}_{22})$$

Abschließend wird die eingangs erwähnte geometrische Veranschaulichung der Determinante ausführlicher betrachtet.

Bemerkung 9.9   *1. Sei* $f : \mathbf{R}^n \to \mathbf{R}^n$, $f(\mathbf{x}) = \mathbf{A}\mathbf{x}$ *eine lineare Abbildung, durch* $\mathbf{A} \in \mathcal{M}_n$ *beschrieben. Betrachtet man das Volumen des durch die n Einheitsvektoren* $\mathbf{e}_1, \ldots, \mathbf{e}_n$ *aufgespannten Einheitsparallelotops und das Volumen des durch* $\mathbf{A}\mathbf{e}_1, \ldots, \mathbf{A}\mathbf{e}_n$ *aufgespannten Parallelotops, so beschreibt* $|\det(\mathbf{A})|$ *die Volumenverzerrung durch f bzw.* $\mathbf{A}$.

2. Für die in Bem. 9.5 vorgestellten Grundtypen bijektiver linearer Abbildungen bedeutet das folgendes: Spiegelungen und Drehungen sind nicht volumenverzerrend, da

$$|\det(\mathbf{A}_G)| = |\det(\mathbf{A}_P)| = |\det(\mathbf{A}_D)| = 1$$

Hingegen gilt

$$|\det(\mathbf{A}_S)| < 1 \quad \text{für} \quad a < 1 \quad \text{und} \quad |\det(\mathbf{A}_S)| > 1 \quad \text{für} \quad a > 1$$

so daß es also Streckungen und Stauchungen sind, die volumenverzerrend wirken.

9.3   Eigenwerte

In diesem Abschnitt geht es geometrisch darum, bei einer beliebigen quadratischen Matrix $\mathbf{A} \in \mathcal{M}_n$ festzustellen, wie die durch sie definierte lineare Abbildung auf die Vektoren des $\mathbf{R}^n$ wirkt, ob es zum Beispiel Vektoren (Eigenvektoren) gibt, auf die $\mathbf{A}$ wie eine einfache Streckung (Eigenwertbetrag > 1) bzw. Stauchung (Eigenwertbetrag < 1) wirkt – siehe Bem. 9.5. Eigenwerte werden zur Beschreibung des stabilen oder explosiven Verhaltens dynamischer Prozesse, bei der Behandlung von Differenzen- und Differentialgleichungen oder auch beim Studium quadratischer Formen (und damit in der Optimierung) im nächsten Abschnitt eingesetzt.

Definition 9.3 *Sei* $\mathbf{A} \in \mathcal{M}_n$. $\lambda \in \mathbf{R}$ *heißt* **Eigenwert** *von* $\mathbf{A}$, *wenn es ein* $\mathbf{x} \in \mathbf{R}^n$ *mit* $\mathbf{x} \neq \mathbf{0}$ *und* $\mathbf{A}\mathbf{x} = \lambda \mathbf{x}$ *gibt. Jedes* $\mathbf{x} \neq \mathbf{0}$ *mit* $\mathbf{A}\mathbf{x} = \lambda \mathbf{x}$ *heißt dann* **Eigenvektor** *von* $\mathbf{A}$ *zum Eigenwert* λ.

Satz 9.10 $\mathbf{A}\mathbf{x} = \lambda \mathbf{x}$ *hat eine Lösung* $\mathbf{x} \neq \mathbf{0}$ $\iff \det(\mathbf{A} - \lambda \mathbf{I}) = 0$.

Bemerkung 9.10 *Man erhält also alle Eigenwerte von* $\mathbf{A} \in \mathcal{M}_n$ *durch Bestimmung aller Lösungen der Gleichung*

$$\det(\mathbf{A} - \lambda \mathbf{I}) = \det \begin{pmatrix} a_{11} - \lambda & a_{12} & \cdots & a_{1n} \\ a_{21} & a_{22} - \lambda & \cdots & a_{2n} \\ \vdots & \vdots & \ddots & \vdots \\ a_{n1} & a_{n2} & \cdots & a_{nn} - \lambda \end{pmatrix} = 0$$

wobei ein Nullstellenproblem für ein Polynom n-ten Grades in λ *entsteht. Anschließend löst man für jedes* λ *das HLGS* $(\mathbf{A} - \lambda \mathbf{I})\mathbf{x} = \mathbf{0}$ *und erhält so einen Eigenvektor zu* λ.

Definition 9.4 *Für* $\mathbf{A} \in \mathcal{M}_n$ *heißt*

$$P_{\mathbf{A}} : \mathbf{R} \to \mathbf{R}, \quad P_{\mathbf{A}}(\lambda) := \det(\mathbf{A} - \lambda \mathbf{I})$$

das **charakteristische Polynom** *von* $\mathbf{A}$.

Es folgen einige Eigenschaften von Eigenwertproblemen. Wegen des 1. Punktes spricht man auch von **Eigenräumen** statt nur von Eigenvektoren. Der 2. Punkt ist nützlich u.a. beim Studium dynamischer Prozesse.

Satz 9.11 *Für* $\mathbf{A} = (a_{ij})_{n,n} \in \mathcal{M}_n$ *gilt:*

1. *Ist* $\mathbf{x} \neq \mathbf{0}$ *ein Eigenvektor von* $\mathbf{A}$ *zum Eigenwert* λ *und* $r \in \mathbf{R} \setminus \{0\}$, *so ist auch* $r\mathbf{x}$ *Eigenvektor von* $\mathbf{A}$ *zum Eigenwert* λ.

2. *Sei* $\mathbf{A}^n := \underbrace{\mathbf{A} \cdot \mathbf{A} \cdot \ldots \cdot \mathbf{A}}_{n\text{-mal}}$. *Ist* λ *ein Eigenwert von* $\mathbf{A}$ *mit Eigenvektor* $\mathbf{x}$, *so ist* $\forall n \in \mathbf{N}$ *auch* λ^n *Eigenwert von* $\mathbf{A}^n$ *mit Eigenvektor* $\mathbf{x}$.

3. $\mathbf{A}$ *hat* n *reelle und/oder komplexe Eigenwerte* $\lambda_1, \ldots, \lambda_n$, *die nicht voneinander verschieden sein müssen. Komplexe Eigenwerte treten dabei – siehe Abschnitt 1.4 – immer paarweise auf.*

4. *Für (untere oder obere) Dreiecksmatrizen, insbesondere also auch für Diagonalmatrizen, gilt:* $\lambda_i = a_{ii}$ *für* $i = 1, \ldots, n$.

5. $\det(\mathbf{A}) = \Pi_{i=1}^n \lambda_i$

6. $\mathrm{rg}(\mathbf{A}) < n \iff \lambda = 0$ *ist Eigenwert von* $\mathbf{A}$.

7. $\lambda_1 \neq \lambda_2$ *mit Eigenvektoren* $\mathbf{x}_1, \mathbf{x}_2 \Rightarrow \mathbf{x}_1$ *und* $\mathbf{x}_2$ *sind linear unabhängig.*

Bemerkung 9.11 *Für die Eigenwerte von den* $\mathbf{A} \in \mathcal{M}_2$, *die die wichtigen Grundtypen bijektiver linearer Abbildungen* $f : \mathbf{R}^2 \to \mathbf{R}^2$, $f(\mathbf{x}) = \mathbf{A}\mathbf{x}$ *beschreiben – siehe Bem. 9.5 –, gilt:*

1. **Identität**: $\lambda_1 = \lambda_2 = 1$

2. **Streckungen/Stauchungen**: $\lambda_1 = \lambda_2 = a$

3. **Geradenspiegelungen**: $\lambda_1 = 1$, $\lambda_2 = -1$

4. **Punktspiegelungen**: $\lambda_1 = \lambda_2 = -1$

5. **Drehungen**:

    (a) $\alpha = 0 \Rightarrow \lambda_1 = \lambda_2 = 1$ *(Drehung = Identität)*

    (b) $\alpha = \pi \Rightarrow \lambda_1 = \lambda_2 = -1$ *(Drehung = Punktspiegelung)*

    (c) $\alpha \in (0, \pi) \cup (\pi, 2\pi) \Rightarrow \lambda_1, \lambda_2 \notin \mathbf{R}$ *(echte Drehung)!*

Komplexe Eigenwerte treten also nur bei Drehungen auf.

Viele in der Praxis auftretende Matrizen, z.B. die in der Optimierung bedeutsamen Hesse-Matrizen oder die u.a. in der Ökonometrie häufigen Matrizen der Form $\mathbf{X}^T\mathbf{X}$, sind im Gegensatz zu obigen Drehungsmatrizen symmetrisch. Der folgende Satz besagt u.a., daß dann komplexe Eigenwerte nicht auftreten können.

Satz 9.12 *Sei* $\mathbf{A} \in \mathcal{M}_n$ *symmetrisch. Dann gilt:*

1. Alle Eigenwerte sind reell.

2. $\lambda_1 \neq \lambda_2$ *mit Eigenvektoren* $\mathbf{x}_1, \mathbf{x}_2 \Rightarrow \mathbf{x}_1 \perp \mathbf{x}_2$

3. $\mathrm{rg}(\mathbf{A}) = p \leq n \Rightarrow \lambda = 0$ *ist* $(n - p)$-facher Eigenwert.

Bei symmetrischen Matrizen ist man daher immer in der Lage, die im letzten Teil dieses Abschnitts erläuterte **Hauptachsentransformation** durchzuführen. Dabei werden Eigenvektoren einer Matrix so als Basis gewählt, daß dann die Matrix Diagonalform (mit den Eigenwerten auf der Hauptdiagonalen), also eine besonders einfache Form erhält. Dazu sind noch einige vorbereitende Begriffe nötig.

Definition 9.5 $\mathbf{A}, \mathbf{B} \in \mathcal{M}_n$ *heißen* **ähnlich** *oder* **äquivalent**, *falls eine reguläre Matrix* $\mathbf{C} \in \mathcal{M}_n$ *existiert mit* $\mathbf{B} = \mathbf{C}^{-1}\mathbf{A}\mathbf{C}$.

Satz 9.13 *Ähnliche Matrizen besitzen die gleichen Eigenwerte.*

Definition 9.6 $\mathbf{A} \in \mathcal{M}_n$ *heißt* **orthogonal**, *falls* $\mathbf{A}^T = \mathbf{A}^{-1}$.

Bemerkung 9.12 *In einer orthogonalen Matrix* $\mathbf{A} \in \mathcal{M}_n$ *sind alle Zeilen- und Spaltenvektoren* **orthonormal**, *d.h. paarweise orthogonal und normiert, und es gilt* $|\det(\mathbf{A})| = 1$. *Orthogonale Matrizen sind also nicht volumenverzerrend.*

Satz 9.14 (Hauptachsentransformation) *Sei* $\mathbf{A} \in \mathcal{M}_n$ *symmetrisch. Dann existieren zu den Eigenwerten* $\lambda_1, \ldots, \lambda_n \in \mathbf{R}$ *genau* n *linear unabhängige Eigenvektoren* $\mathbf{x}_1, \ldots, \mathbf{x}_n \in \mathbf{R}^n$, *die so wählbar sind, daß* $\mathbf{X} := (\mathbf{x}_1, \ldots, \mathbf{x}_n)$ *orthogonal ist.* $\mathbf{A}$ *ist* **diagonalisierbar**, *d.h. ähnlich zu*

$$
\mathbf{\Lambda} := \begin{pmatrix} \lambda_1 & 0 & \cdots & 0 \\ 0 & \lambda_2 & \cdots & 0 \\ \vdots & \vdots & \ddots & \vdots \\ 0 & 0 & \cdots & \lambda_n \end{pmatrix}
$$

der **Diagonalmatrix der Eigenwerte**, *d.h.:*

$$
\mathbf{\Lambda} = \mathbf{X}^T \mathbf{A} \mathbf{X} \quad bzw. \quad \mathbf{A} = \mathbf{X} \mathbf{\Lambda} \mathbf{X}^T
$$

Man sieht also einer beliebigen quadratischen Matrix $\mathbf{A} \in \mathcal{M}_n$ oft deswegen ihre Wirkung auf die Punkte des $\mathbf{R}^n$ nicht an, weil die kanonische Basis für diesen Zweck ungünstig ist. Mittels obiger Hauptachsentransformation kann man sich bei symmetrischen Matrizen ein günstigeres Koordinatensystem konstruieren. Dabei bestimmen die paarweise orthogonalen Eigenvektoren die (Haupt-)Achsen des dabei einzuführenden neuen Koordinatensystems, das man durch eine Drehung (nicht volumenverzerrend, da $|\det(\mathbf{X})| = 1$) aller Punkte des $\mathbf{R}^n$ erreicht. Und bezüglich einer Hauptachse (eines Eigenvektors) wirkt $\mathbf{A}$ wie eine einfache Streckung bzw. Stauchung.

9.4 Quadratische Formen

Quadratische Formen werden u.a. in der Optimierung in Abschnitt 11.3 verwendet, wo die Definitheit der Hessematrix von großem Interesse ist. Definitheit wird übrigens nur für symmetrische Matrizen definiert.

Definition 9.7 *Sei* $\mathbf{A} \in \mathcal{M}_n$ *symmetrisch. Dann heißt*

$$
q : \mathbf{R}^n \to \mathbf{R}, \quad q(\mathbf{x}) := \mathbf{x}^T \mathbf{A} \mathbf{x} = (x_1, \ldots, x_n) \begin{pmatrix} a_{11} & \cdots & a_{1n} \\ \vdots & & \vdots \\ a_{n1} & \cdots & a_{nn} \end{pmatrix} \begin{pmatrix} x_1 \\ \vdots \\ x_n \end{pmatrix} = \sum_{i=1}^n \sum_{j=1}^n a_{ij} x_i x_j
$$

quadratische Form. *Man nennt* $\mathbf{A}$

1. **positiv definit**, *wenn* $\mathbf{x}^T \mathbf{A} \mathbf{x} > 0 \; \forall \, \mathbf{x} \neq \mathbf{0}$.

2. **positiv semidefinit**, *wenn* $\mathbf{x}^T \mathbf{A} \mathbf{x} \geq 0 \; \forall \, \mathbf{x} \neq \mathbf{0}$.

3. **negativ definit**, *wenn* $\mathbf{x}^T \mathbf{A} \mathbf{x} < 0 \; \forall \, \mathbf{x} \neq \mathbf{0}$.

4. **negativ semidefinit**, *wenn* $\mathbf{x}^T \mathbf{A} \mathbf{x} \leq 0 \; \forall \, \mathbf{x} \neq \mathbf{0}$.

5. **indefinit** *sonst.*

Satz 9.15 *Sei* $\mathbf{A} \in \mathcal{M}_n$ *symmetrisch. Dann gilt:*

1. $\mathbf{A}$ *positiv definit* $\iff$ $(-1)\mathbf{A}$ *negativ definit.*

2. $\mathbf{A}$ *positiv semidefinit* $\iff$ $(-1)\mathbf{A}$ *negativ semidefinit.*

Obige Definition ist zum Nachweis der Definitheit sehr unpraktisch. Viel einfacher ist der folgende Weg über die Eigenwerte einer Matrix.

Satz 9.16 *Sei* $\mathbf{A} \in \mathcal{M}_n$ *symmetrisch und* Λ *die Diagonalmatrix der Eigenwerte von* $\mathbf{A}$. *Dann gilt:*

1. $\mathbf{A}$ *positiv definit* $\iff$ Λ *positiv definit* $\iff$ $\lambda_1, \ldots, \lambda_n > 0$

2. $\mathbf{A}$ *positiv semidefinit* $\iff$ Λ *positiv semidefinit* $\iff$ $\lambda_1, \ldots, \lambda_n \geq 0$

3. $\mathbf{A}$ *negativ definit* $\iff$ Λ *negativ definit* $\iff$ $\lambda_1, \ldots, \lambda_n < 0$

4. $\mathbf{A}$ *negativ semidefinit* $\iff$ Λ *negativ semidefinit* $\iff$ $\lambda_1, \ldots, \lambda_n \leq 0$

5. $\mathbf{A}$ *indefinit* $\iff$ Λ *indefinit* $\iff$ *es gibt mindestens ein* $\lambda_i > 0$ *und ein* $\lambda_i < 0$

In gewissen Fällen noch einfacher ist der Nachweis der Definitheit mit sogenannten Hauptminoren, wobei sich dann leider bei der Semidefinitheit keine Äquivalenzbeziehung mehr ergibt.

Definition 9.8 *Sei* $\mathbf{A} \in \mathcal{M}_n$ *symmetrisch. Dann heißt*

$$\det(\mathbf{H}_i) := \det \begin{pmatrix} a_{11} & \cdots & a_{1i} \\ \vdots & & \vdots \\ a_{i1} & \cdots & a_{ii} \end{pmatrix}$$

für $i = 1, \ldots, n$ *die* **i-te Hauptunterdeterminante** *oder der* **i-te Hauptminor** *von* $\mathbf{A}$.

Satz 9.17 *Sei* $\mathbf{A} \in \mathcal{M}_n$ *symmetrisch und* $\det(\mathbf{H}_i)$ *die i-te Hauptunterdeterminante von* $\mathbf{A}$. *Dann gilt:*

1. $\mathbf{A}$ *positiv definit* $\iff$ $\det(\mathbf{H}_i) > 0 \, \forall \, i = 1, \ldots, n$

2. $\mathbf{A}$ *negativ definit* $\iff$ $(-1)^i \det(\mathbf{H}_i) > 0 \, \forall \, i = 1, \ldots, n$

3. $\mathbf{A}$ *positiv semidefinit* $\Rightarrow$ $\det(\mathbf{H}_i) \geq 0 \, \forall \, i = 1, \ldots, n$

4. $\mathbf{A}$ *negativ semidefinit* $\Rightarrow$ $(-1)^i \det(\mathbf{H}_i) \geq 0 \, \forall \, i = 1, \ldots, n$

Schließlich kann man für $\mathbf{A} \in \mathcal{M}_2$ folgende Äquivalenzbeziehungen für die Definitheit formulieren, die in Abschnitt 11.3 ausgiebige Verwendung finden.

Satz 9.18 *Sei* $\mathbf{A} = \begin{pmatrix} a_{11} & a_{12} \\ a_{12} & a_{22} \end{pmatrix} \in \mathcal{M}_2$ *symmetrisch. Dann ist* $\mathbf{A}$

1. *positiv definit* $\iff$ $a_{11} > 0$ *und* $a_{11}a_{22} - a_{12}^2 > 0$

2. *negativ definit* $\iff$ $a_{11} < 0$ *und* $a_{11}a_{22} - a_{12}^2 > 0$

3. *positiv semidefinit* $\iff$ $a_{11}, a_{22} \geq 0$ *und* $a_{11}a_{22} - a_{12}^2 \geq 0$

4. *negativ semidefinit* $\iff$ $a_{11}, a_{22} \leq 0$ *und* $a_{11}a_{22} - a_{12}^2 \geq 0$

5. *indefinit* $\iff$ $a_{11}a_{22} - a_{12}^2 < 0$

Teil III

Analysis

Kapitel 10

Differenzierbare Funktionen

10.1 Funktionen mehrerer Variablen

Im Vorkurs wurden Funktionen einer Variablen ausführlich diskutiert. In diesem Abschnitt müssen daher nur die Konzepte neu eingeführt werden, bei denen sich bei Funktionen mehrerer Variablen etwa die Anschauung grundlegend ändert.

Bemerkung 10.1 *In der gesamten Analysis werden alle Zeilenvektoren ohne das in der linearen Algebra dafür vereinbarte Transpositionssymbol geschrieben, um die Ausdrücke lesbarer zu gestalten.*

Definition 10.1   *1. Ist jedem Punkt* $\mathbf{x} = (x_1, \ldots, x_n) \in D_f \subseteq \mathbf{R}^n$ *durch die Vorschrift* f *eindeutig ein* $z = f(\mathbf{x}) \in \mathbf{R}$ *zugeordnet, so heißt*

$$f : D_f \to \mathbf{R}, \quad z = f(\mathbf{x})$$

Funktion *der* n **Variablen** $x_1, \ldots, x_n$.

$$D_f = \{\mathbf{x} \in \mathbf{R}^n \,|\, \exists\, z \in \mathbf{R} \text{ mit } z = f(\mathbf{x})\}$$

wird als **Definitionsbereich** *bezeichnet, die Elemente* $\mathbf{x} \in D_f$ *als* **Urbilder** *oder* **Argumente**.

$$W_f = \{z \in \mathbf{R} \,|\, \exists\, \mathbf{x} \in D_f \text{ mit } z = f(\mathbf{x})\}$$

wird als **Wertebereich** *bezeichnet, die Elemente* $z \in W_f$ *als* **Bilder** *oder* **Funktionswerte**.

2. Bei ökonomischen Funktionen liegen dann n **unabhängige Variablen** $x_1, \ldots, x_n$ *und eine* **abhängige Variable** z *vor.*

3. Gilt $D_f \subseteq \mathbf{R}^2$, *so ist der* **Graph** *von* f *die Menge*

$$\{(x, y, z) \in \mathbf{R}^3 \,|\, (x, y) \in D_f, \; z = f(x, y)\}$$

die eine **Fläche** *im* $\mathbf{R}^3$ *beschreibt.*

Es folgt die Definition der einfachsten Funktion.

Definition 10.2 *Seien* $a_0, \ldots, a_n \in \mathbf{R}$. *Die* **affin-lineare Funktion**

$$f : \mathbf{R}^n \to \mathbf{R}, \quad f(\mathbf{x}) = a_0 + \sum_{i=1}^{n} a_i x_i$$

beschreibt für $n = 2$ *eine* **Ebene** *im* $\mathbf{R}^3$.

Wenn Flächen gezeichnet werden sollen, so gibt es neben perspektivischen Skizzen das Instrument der Isohöhenlinien, das aus der Geographie von den Höhenlinien eines Berges vertraut ist und in der Ökonomie als Isoquanten, Indifferenzkurven u.ä. häufige Verwendung findet. Man schneidet dabei die betrachtete Fläche im $\mathbf{R}^3$ mit Ebenen parallel zum Definitionsbereich auf verschiedenen Höhen $c \in \mathbf{R}$, zeichnet die Schnittfunktionen dann im Definitionsbereich ein und kann aus ihrem Verlauf auf das Aussehen der Fläche im $\mathbf{R}^3$ schließen.

Definition 10.3 *Für* $f : D_f \to \mathbf{R}$, $D_f \subseteq \mathbf{R}^2$, *heißen*

$$\mathcal{M}_c = \{(x, y) \in D_f \mid f(x, y) = c\}$$

Isohöhenlinien *von* f *mit der* **Höhe** $c \in \mathbf{R}$.

Definition 10.4 *Der* **natürliche Definitionsbereich** *einer Funktion* f *ist der (mathematisch) größtmögliche.*

Definition 10.5 *Die Menge*

$$\{(x, y) \in \mathbf{R}^2 \mid (x - a)^2 + (y - b)^2 = r^2\}$$

beschreibt einen **Kreis** *mit dem* **Mittelpunkt** $(a, b) \in \mathbf{R}^2$ *und dem* **Radius** $r \geq 0$.

Die Kreisgleichung wird bei der Veranschaulichung des Paraboloiden benötigt, da dessen Isohöhenlinien Kreise sind.

Definition 10.6   *1. Seien* $a_0, a_i, a_{ij} \in \mathbf{R}$ *für* $i, j = 1, \ldots, n$. *Eine* **quadratische Funktion** *wird definiert als:*

$$f : \mathbf{R}^n \to \mathbf{R}, \quad f(\mathbf{x}) = a_0 + \sum_{i=1}^{n} a_i x_i + \sum_{i=1}^{n} \sum_{j=1}^{n} a_{ij} x_i x_j$$

2. Ein Spezialfall ist für $n = 2$ *der* **(Normal-)Paraboloid**

$$f : \mathbf{R}^2 \to \mathbf{R}, \quad f(x, y) = x^2 + y^2$$

Es gibt nur eine beschränkte Klasse von Funktionen, die, angewandt auf z.B. mikroökonomische Probleme, ökonomisch sinnvolle Eigenschaften aufweisen. Von diesen sind die beiden folgenden Funktionen die gebräuchlichsten.

Definition 10.7 *Mit* $a_i > 0$ *für* $i = 0, \ldots, n$ *und* $\rho \neq 0$ *heißt*

$$f : (0, \infty)^n \to \mathbf{R}, \quad f(\mathbf{x}) = a_0 \, \Pi_{i=1}^n x_i^{a_i}$$

Cobb-Douglas-Funktion *und*

$$g : (0, \infty)^n \to \mathbf{R}, \quad g(\mathbf{x}) = a_0 \left(\sum_{i=1}^n a_i x_i^\rho \right)^{1/\rho}$$

CES-Funktion, *wobei 'CES' für 'constant elasticity of substitution' steht.*

Bemerkung 10.2   *1. Die Cobb-Douglas-Funktion wird sehr oft angewendet, da sie u.a. auf einfache Weise linearisiert werden kann, denn*

$$\ln(f(\mathbf{x})) = \ln(a_0) + \sum_{i=1}^n a_i \ln(x_i)$$

ist eine affin-lineare Funktion (in den logarithmierten Variablen).

2. *Für die CES-Funktion gilt:*

   (a) $\rho = 1 \Rightarrow g(\mathbf{x}) = a_0 \left(\sum_{i=1}^n a_i x_i \right)$ *ist eine lineare Funktion.*

   (b) *Mit* $\sum_{i=1}^n a_i = 1$ *folgt* $\lim_{\rho \to 0} g(\mathbf{x}) = f(\mathbf{x})$. *Die CES-Funktion ist also in diesem Sinne eine Verallgemeinerung der Cobb-Douglas-Funktion.*

10.2   Partielle Differentiation

Grundlegend für beinahe alle Methoden der Analysis ist die sichere Beherrschung der Differentiation, die im Vorkurs schon gründlich eingeführt wurde. Bei der partiellen Differentiation von Funktionen mehrerer Variablen geht es um die Frage, wie sich die Funktionswerte ändern, wenn nur eine der unabhängigen Variablen verändert wird. Es geht also um die Steigung der Funktion in einem Punkt in einer der Koordinatenrichtungen. Es zeigt sich, daß fast das ganze Instrumentarium aus dem Vorkurs auf dieses verallgemeinerte Problem übertragen werden kann.

Definition 10.8   *1. Die Funktion* $f : D_f \to \mathbf{R},\ D_f \subseteq \mathbf{R}^n$, *heißt in* $\bar{\mathbf{x}} = (\bar{x}_1, \ldots, \bar{x}_n) \in D_f$ **partiell differenzierbar** *nach* x_i, *wenn* $\bar{\mathbf{x}}$ *innerer Punkt von* D_f *ist und die* **partielle Ableitung** *von* f *nach* x_i *in* $\bar{\mathbf{x}}$

$$f'_{x_i}(\bar{\mathbf{x}}) = \frac{\partial}{\partial x_i} f(\mathbf{x}) \Big|_{\mathbf{x} = \bar{\mathbf{x}}} := \lim_{\Delta x_i \to 0} \frac{f(\bar{x}_1, \ldots, \bar{x}_i + \Delta x_i, \ldots, \bar{x}_n) - f(\bar{\mathbf{x}})}{\Delta x_i}$$

existiert.

2. *Sei* $U \subseteq D_f$ *offen.* $f : U \to \mathbf{R}$ *heißt* **partiell differenzierbar**, *falls* $f'_{x_i}(\bar{\mathbf{x}})$ *für* $i = 1, \ldots, n$ *und* $\forall\, \bar{\mathbf{x}} \in U$ *existieren.*

3. *Sei* $U \subseteq D_f$ *offen.* $f : U \to \mathbf{R}$ *heißt* **stetig partiell differenzierbar**, *falls* $f'_{x_i}(\bar{\mathbf{x}})$ *für* $i = 1, \ldots, n$ *und* $\forall\, \bar{\mathbf{x}} \in U$ *existieren und stetig sind.*

Bemerkung 10.3   *1. '∂' ist ein stilisiertes 'd' und wird daher auch 'd' gelesen.*

2. Man unterscheide auch hier zwischen der Ableitungsfunktion $f'_{x_i}(\mathbf{x})$ und der Ableitung $f'_{x_i}(\bar{\mathbf{x}})$ (ein Funktionswert) an einer Stelle $\bar{\mathbf{x}}$.

3. Praktisch ist die partielle Ableitung bezüglich einer Variablen nichts anderes als die gewöhnliche Ableitung bezüglich dieser Variablen bei Festhaltung aller anderen Variablen. Daher lassen sich alle Rechenregeln für Funktionen einer Variablen auf diesen Fall übertragen.

Abschließend wird noch eine Vektorschreibweise für partielle Ableitungen eingeführt, die praktische Anwendungen bei numerischen Verfahren aufweist.

Definition 10.9 *Ist $D_f \subseteq \mathbf{R}^n$ offen und $f : D_f \to \mathbf{R}$ partiell differenzierbar, so heißt*

$$\operatorname{grad} f(\mathbf{x}) := (f'_{x_1}(\mathbf{x}), \ldots, f'_{x_n}(\mathbf{x}))$$

Gradient *von f.*

Bemerkung 10.4 *Der Gradient von f weist lokal, also in der Umgebung eines Punktes, in die Richtung des steilsten Anstiegs von f. Diese Eigenschaft wird etwa in numerischen Optimierungsverfahren ausgenutzt, bei denen ein Algorithmus iterativ (d.h. schrittweise), ausgehend von einem Startwert, ein lokales Maximum einer Funktion finden soll und dabei in jedem Schritt die vom Gradienten angezeigte Richtung wählt.*

10.3   Differential

Einigermaßen realitätsnahe ökonomische Funktionen werden selten besonders einfach, ganz selten affin-linear sein. Trotzdem sprechen viele praktische wie theoretische Gründe dafür, in der Modellbildung **einfache** ökonomische Funktionen zu wählen. Man erreicht diese einfachen Funktionen etwa durch geeignete Transformationen wie bei der Cobb-Douglas-Funktion in Abschnitt 10.1 oder durch möglichst gute Approximationsverfahren (d.h. Näherungsverfahren), die in diesem Abschnitt in drei Schritten mit den einfachsten, den affin-linearen Approximationsfunktionen eingeführt werden.

10.3.1   Differential einer Funktion einer Variablen

In diesem Unterabschnitt geht es darum, eine beliebige differenzierbare Funktion f einer Variablen durch eine Gerade in der Umgebung einer Stelle $\bar{x} \in D_f$ zu approximieren. Man wählt dazu die Tangente an f in $\bar{x}$, da diese in $\bar{x}$ den gleichen Funktionswert und die gleiche Steigung wie f aufweist.

Bemerkung 10.5 *Sei $f : D_f \to \mathbf{R}$, $D_f \subseteq \mathbf{R}$, in $\bar{x} \in D_f$ differenzierbar. Sei $x \in D_f$ mit $\Delta x := x - \bar{x}$ und*

$$\Delta y := f(x) - f(\bar{x}) = f(\bar{x} + \Delta x) - f(\bar{x})$$

*Dann kann die **Tangente** an f in $\bar{x}$*

$$y = f(\bar{x}) + f'(\bar{x}) \cdot (x - \bar{x})$$

zur **Approximation** *(= näherungsweisen Berechnung) von Funktionswerten von f in der 'Nähe' von $\bar{x}$ verwendet werden:*

$$f(\bar{x} + \Delta x) \approx f(\bar{x}) + f'(\bar{x}) \cdot \Delta x$$

Das sogenannte 'Differential' ist dann nichts weiter als der Steigungsterm der approximierenden Tangente (in modifizierter Schreibweise).

Definition 10.10 *Mit den obigen Bezeichnungen heißt*

$$dy := f'(\bar{x}) \cdot \Delta x$$

Differential *von f in $\bar{x}$.*

Bemerkung 10.6 *1. $dy \approx \Delta y$, d.h. die Änderung dy der approximierenden Tangente approximiert Δy, die wirkliche Änderung der Funktionswerte zwischen $\bar{x}$ und x.*

2. Die Güte aller Approximationen hängt u.a. ab von der Form von f, von der Stelle $\bar{x}$ und von der Differenz Δx.

Schließlich interessiert man sich für den bei der Approximation entstandenen Fehler, für den es zwei Standardkriterien gibt:

Definition 10.11 *Mit obigen Bezeichnungen definiert man den* **absoluten Fehler**

$$\delta y := |\Delta y - dy| = |f(\bar{x} + \Delta x) - f(\bar{x}) - f'(\bar{x}) \cdot \Delta x|$$

und den **relativen Fehler**

$$\eta y := \frac{\delta y}{dy} = \left| \frac{\Delta y - dy}{dy} \right| = \left| \frac{f(\bar{x} + \Delta x) - f(\bar{x}) - f'(\bar{x}) \cdot \Delta x}{dy} \right|$$

Bemerkung 10.7 *Der absolute Fehler weist die gleiche Dimension wie die abhängige Variable auf, während der relative Fehler dimensionslos ist.*

10.3.2 Totales Differential

Nun sollen die Überlegungen des letzten Unterabschnitts auf Funktionen mehrerer Variablen verallgemeinert werden. Dazu soll zunächst eine beliebige differenzierbare Funktion f <u>zweier</u> Variablen durch eine Gerade in der Umgebung einer Stelle $\bar{\mathbf{x}} \in D_f$ approximiert werden, wobei vorerst nur Änderungen in einer der beiden unabhängigen Variablen zugelassen werden. Dann kann man wie im vorigen Unterabschnitt die Tangente an f in $\bar{\mathbf{x}}$ (jetzt in der entsprechenden Koordinatenrichtung) wählen.

Bemerkung 10.8 *Sei $D_f \subseteq \mathbf{R}^2$ und $f : D_f \to \mathbf{R}$ in $\bar{\mathbf{x}} \in D_f$ partiell differenzierbar nach x_i mit $i = 1, 2$. Dann kann die* **Tangente** *an f in x_i-**Richtung** in $\bar{\mathbf{x}}$*

$$z_i = f(\bar{\mathbf{x}}) + f'_{x_i}(\bar{\mathbf{x}}) \cdot (x_i - \bar{x}_i)$$

analog zum letzten Unterabschnitt zur **Approximation** *von Funktionswerten von f in der 'Nähe' von $\bar{\mathbf{x}}$ verwendet werden, wenn <u>nur</u> der x_i-Wert verändert wird.*

Definition 10.12 *Mit den obigen Bezeichnungen und* $\Delta x_i := x_i - \bar{x}_i$ *heißt*

$$df_{x_i} := f'_{x_i}(\bar{\mathbf{x}}) \cdot \Delta x_i$$

partielles Differential *von* f *bzgl.* x_i.

Sollen nun bei einer beliebigen differenzierbaren Funktion f <u>zweier</u> Variablen Änderungen in beiden unabhängigen Variablen zugelassen werden, so approximiert man f in der Umgebung einer Stelle $\bar{\mathbf{x}} \in D_f$ durch eine Ebene. Diese **Tangentialebene** aber liegt schon fest, da sie die beiden eben betrachteten Tangenten (in beiden Koordinatenrichtungen) und den festen Punkt $\bar{\mathbf{x}}$, in dem die Ebene die Fläche berührt, als Spezialfälle enthalten sollte. Durch zwei Geraden und einen Punkt aber ist eine Ebene eindeutig bestimmt. Analog bestimmen n Tangenten in den n Koordinatenrichtungen und ein fester Punkt $\bar{\mathbf{x}} \in D_f$ eine sogenannte Tangentialhyperebene, die eine beliebige differenzierbare Funktion von n Variablen in der Umgebung von $\bar{\mathbf{x}}$ approximiert.

Bemerkung 10.9 *Sei* $D_f \subseteq \mathbf{R}^n$ *und* $f : D_f \to \mathbf{R}$ *in* $\bar{\mathbf{x}} \in D_f$ *partiell differenzierbar nach* x_i *für* $i = 1, \dots, n$. *Sei* $\mathbf{x} \in D_f$ *mit*

$$\Delta x_i := x_i - \bar{x}_i \quad und \quad \Delta f := f(\mathbf{x}) - f(\bar{\mathbf{x}})$$

Dann kann die **Tangentialhyperebene** *an* f *in* $\bar{\mathbf{x}}$

$$z = f(\bar{\mathbf{x}}) + \sum_{i=1}^{n} f'_{x_i}(\bar{\mathbf{x}}) \cdot (x_i - \bar{x}_i)$$

zur **Approximation** *von Funktionswerten von* f *in der 'Nähe' von* $\bar{\mathbf{x}}$ *verwendet werden:*

$$f(\mathbf{x}) \approx f(\bar{\mathbf{x}}) + \sum_{i=1}^{n} f'_{x_i}(\bar{\mathbf{x}}) \cdot \Delta x_i$$

Wiederum ist das totale Differential dann nichts weiter als der Steigungsterm der approximierenden Tangentialhyperebene in modifizierter Schreibweise.

Definition 10.13 *Mit den obigen Bezeichnungen heißt*

$$df := \sum_{i=1}^{n} f'_{x_i}(\bar{\mathbf{x}}) \cdot \Delta x_i$$

totales Differential *von* f *in* $\bar{\mathbf{x}}$.

Bemerkung 10.10   *1. $df \approx \Delta f$, d.h. die Änderung df der approximierenden Tangentialhyperebene approximiert Δf, die wirkliche Änderung der Funktionswerte zwischen $\bar{\mathbf{x}}$ und $\mathbf{x}$.*

   2. Die Güte aller Approximationen hängt u.a. ab von der Form von f, von der Stelle $\bar{\mathbf{x}}$ und von den Differenzen Δx_i.

Und auch die Fehlermaße sind aus dem vorigen Unterabschnitt direkt zu übertragen.

Definition 10.14 *Mit obigen Bezeichnungen definiert man den* **absoluten Fehler**

$$\delta f := |\Delta f - df|$$

und den **relativen Fehler**

$$\eta f := \left| \frac{\Delta f - df}{df} \right|$$

Bemerkung 10.11 *Auch hier weist der absolute Fehler die gleiche Dimension wie die abhängige Variable auf, während der relative Fehler dimensionslos ist.*

10.4 Verallgemeinerte Kettenregel

Häufiger tritt in ökonomischen Anwendungen das Problem auf, daß eine Variable y von n Variablen $x_1, \ldots, x_n$ abhängt, die dann aber selbst noch einmal alle von einer weiteren Variable t abhängen. Um den so bestehenden Einfluß der Variable t auf die Variable y messen zu können, benötigt man die verallgemeinerte Kettenregel, das Thema dieses Abschnitts. Zum Verständnis dieser Regel muß in diesem Abschnitt zunächst ein weiterer Funktionstyp eingeführt werden.

Seien $n, m \in \mathbf{N}$. Neben den im Vorkurs betrachteten Funktionen $f : \mathbf{R} \to \mathbf{R}$ und den in der Veranstaltung Analysis betrachteten Funktionen $f : \mathbf{R}^n \to \mathbf{R}$ gibt es auch noch Funktionen $f : \mathbf{R} \to \mathbf{R}^m$, die <u>nur</u> in diesem Abschnitt kurz angesprochen werden, und allgemein Funktionen $f : \mathbf{R}^n \to \mathbf{R}^m$, die in diesem Kurs nicht zu sehen sein werden.

Definition 10.15 *Sei $D_g \subseteq \mathbf{R}$. Ist durch die Vorschrift*

$$\mathbf{g} : D_g \to \mathbf{R}^m, \quad \mathbf{g}(t) = (g_1(t), \ldots, g_m(t))$$

*jedem Punkt $t \in D_g$ <u>eindeutig</u> ein $\mathbf{g}(t) \in \mathbf{R}^m$ zugeordnet, so definiert $\mathbf{g}$ eine **Funktion**.*

$$g_i : D_g \to \mathbf{R}, \quad i = 1, \ldots, m$$

heißt **Komponentenfunktion**.

$\mathbf{g}$ entsteht also einfach dadurch, daß man die Bilder der Komponentenfunktionen g_i als Vektor schreibt. Und da die Komponentenfunktionen gewöhnliche Funktionen einer Variablen sind, definiert man alle Eigenschaften von $\mathbf{g}$ einfach über die Komponenten.

Definition 10.16 *Eine Funktion $g : D_g \to \mathbf{R}^m$, $D_g \subseteq \mathbf{R}$, ist stetig (differenzierbar), wenn alle Komponentenfunktionen $g_i : D_g \to \mathbf{R}$, $i = 1, \ldots, m$, stetig (differenzierbar) sind.*

Zur Anschauung von Funktionen von $\mathbf{R}$ nach $\mathbf{R}^m$ ist aber ein kurzer Hinweis nötig. Wir nehmen dabei der Einfachheit halber an, daß der Definitionsbereich der jeweiligen Funktion die ganze Menge $\mathbf{R}$ bzw. der ganze $\mathbf{R}^n$ ist.

Bemerkung 10.12 *Bei den sonst in Vorkurs und Analysis betrachteten Funktionen $f : \mathbf{R}^n \to \mathbf{R}$ (mit $n \geq 1$) fügt man die Achsen von Definitions- und Wertebereich zu einem $\mathbf{R}^{n+1}$ zusammen, um dann in diesem bestimmte Kurven im $\mathbf{R}^2$, bestimmte Flächen im $\mathbf{R}^3$, also allgemein bestimmte Gebilde zu betrachten, die durch Verformung des Definitionsbereichs (des $\mathbf{R}^n$) entstehen und dann im $\mathbf{R}^{n+1}$ abgelegt werden.*
Bei Funktionen $\mathbf{g} : \mathbf{R} \to \mathbf{R}^m$ (mit $m > 1$) ist der Definitionsbereich immer die reelle Zahlengerade, die dann gemäß der Abbildungsvorschrift $\mathbf{g}$ verformt und im jeweiligen $\mathbf{R}^m$ abgelegt wird. Ist $\mathbf{g}$ stetig, so ist das Bild von $\mathbf{g} : \mathbf{R} \to \mathbf{R}^2$ daher eine Kurve im $\mathbf{R}^2$, das Bild von $\mathbf{g} : \mathbf{R} \to \mathbf{R}^3$ eine Kurve im $\mathbf{R}^3$, das Bild von $\mathbf{g} : \mathbf{R} \to \mathbf{R}^m$ also eine Kurve im $\mathbf{R}^m$.

Der nun folgende Satz verallgemeinert die Kettenregel aus Abschnitt 5.2, da hier eine Funktion $h : D_g \to \mathbf{R}$, $D_g \subseteq \mathbf{R}$, abgeleitet werden soll, die als Verkettung einer Abbildung $\mathbf{g} : D_g \to \mathbf{R}^n$ und einer Abbildung $\mathbf{f} : D_f \to \mathbf{R}$, $D_f \subseteq \mathbf{R}^n$ entsteht. Beschränkt man sich auf $n = 2$, so kann man sich das Vorgehen folgendermaßen veranschaulichen: Der eindimensionale Definitionsbereich von h und g wird gemäß der Vorschrift g auf eine Kurve im Definitionsbereich von f, also im $\mathbf{R}^2$ abgebildet. Nur die Punkte auf dieser Kurve in D_f werden dann gemäß der Vorschrift f auf eine Kurve in der Bildfläche von f abgebildet. Diese Kurve im Bild von f im $\mathbf{R}^3$ ist das Bild von h.

Satz 10.1 (Verallgemeinerte Kettenregel) *Ist* $\mathbf{g} : D_g \to \mathbf{R}^n$, $D_g \subseteq \mathbf{R}$, *eine Funktion, deren Komponentenfunktionen* g_i *für* $i = 1, \ldots, n$ *stetig differenzierbar sind, ist* $f : D_f \to \mathbf{R}$, $D_f \subseteq \mathbf{R}^n$, *nach allen Variablen* x_i *mit* $i = 1, \ldots, n$ *partiell differenzierbar, und ist* $W_g \subseteq D_f$, *so ist*

$$h := f \circ \mathbf{g} : D_g \to \mathbf{R}, \quad h(t) := (f \circ \mathbf{g})(t) = f(\mathbf{g}(t)) = f(g_1(t), \ldots, g_n(t))$$

differenzierbar mit der Ableitung

$$\frac{d}{dt} h(t) = \sum_{i=1}^{n} \frac{\partial f(\mathbf{x})}{\partial x_i} \cdot \frac{dx_i}{dt} \bigg|_{x_i = g_i(t)}$$

10.5 Partielle Ableitungen höherer Ordnung

Da partielle Ableitungsfunktionen oft selbst differenzierbare Funktionen sind, ist es möglich, zweite partielle Ableitungsfunktionen zu bilden. Man benötigt diese etwa für hinreichende Bedingungen für Extrema in der Optimierung in Abschnitt 11.3.

Definition 10.17 *Sei* $D_f \subseteq \mathbf{R}^n$ *offen und* $f : D_f \to \mathbf{R}$ *partiell differenzierbar mit den partiellen Ableitungsfunktionen* $f'_{x_i}(\mathbf{x})$, $i = 1, \ldots, n$. *Sind diese partiellen Ableitungsfunktionen wiederum partiell differenzierbar, so heißt* f **zweimal partiell differenzierbar** *mit den* n^2 **zweiten partiellen Ableitungsfunktionen**

$$\frac{\partial^2}{\partial x_1^2} f(\mathbf{x}) = f''_{x_1,x_1}(\mathbf{x}) \quad \cdots \quad \frac{\partial^2}{\partial x_1 \partial x_n} f(\mathbf{x}) = f''_{x_1,x_n}(\mathbf{x})$$

$$\vdots \qquad\qquad \ddots \qquad\qquad \vdots$$

$$\frac{\partial^2}{\partial x_n \partial x_1} f(\mathbf{x}) = f''_{x_n,x_1}(\mathbf{x}) \quad \cdots \quad \frac{\partial^2}{\partial x_n^2} f(\mathbf{x}) = f''_{x_n,x_n}(\mathbf{x})$$

Bemerkung 10.13 *Für die sogenannten* **Kreuzableitungen** $f''_{x_i,x_j}(\mathbf{x})$ *mit* $i \neq j$ *gilt zwar i.a.* $f''_{x_i,x_j}(\mathbf{x}) \neq f''_{x_j,x_i}(\mathbf{x})$, *aber der folgende Satz nennt die häufige Ausnahme von der Regel:*

Satz 10.2 *Sind die zweiten partiellen Ableitungsfunktionen einer Funktion* $f : D_f \to \mathbf{R}$, $D_f \subseteq \mathbf{R}^n$, *stetige Funktionen, so gilt für* $i, j = 1, \ldots, n$:

$$f''_{x_i,x_j}(\mathbf{x}) = f''_{x_j,x_i}(\mathbf{x})$$

Nun kann die Hessematrix eingeführt werden, die in der Optimierung in Abschnitt 11.3 mit Methoden der linearen Algebra nach hinreichenden Bedingungen für Extrema untersucht wird.

Definition 10.18 *Sei* $f : D_f \to \mathbf{R}$, $D_f \subseteq \mathbf{R}^n$, *eine zweimal partiell differenzierbare Funktion. Dann wird die* **Hesse-Matrix** $H(\mathbf{x})$ *definiert als:*

$$H(\mathbf{x}) := \begin{pmatrix} f''_{x_1,x_1}(\mathbf{x}) & \cdots & f''_{x_1,x_n}(\mathbf{x}) \\ \vdots & \ddots & \vdots \\ f''_{x_n,x_1}(\mathbf{x}) & \cdots & f''_{x_n,x_n}(\mathbf{x}) \end{pmatrix}$$

10.6 Ableitung impliziter Funktionen

Bei der Entwicklung ökonomischer Modelle geschieht es häufiger, daß eine Funktionsgleichung nicht in der expliziten Form, also nach der Endogenen aufgelöst, entsteht und daß
diese Form auch durch Transformation nicht erreicht werden kann. Trotzdem ist es unter
bestimmten Bedingungen möglich, diese nur in 'impliziter' Form vorliegende Funktion abzuleiten. Man verwendet diese Ableitungsregel für implizite Funktionen auch u.a. in der
Mikroökonomie zur Untersuchung von Substitutionseffekten. Die Theorie wird zunächst
für implizite Funktionen einer Variablen vorgestellt und dann auf Funktionen von n Variablen verallgemeinert.

Definition 10.19 *Sei $f : D_f \to \mathbf{R}$, $D_f \subseteq \mathbf{R}^2$, eine Funktion der Variablen x und y. Eine
Funktion*

$$g : D_g \to \mathbf{R}, \quad y = g(x) \quad mit \quad D_g \subseteq \mathbf{R}$$

in der Form

$$f(x,y) = f(x, g(x)) = 0$$

heißt **implizit** *(gegeben). Liegt g in der Form $y = g(x)$ vor, so heißt g* **explizit** *(gegeben).*

Bemerkung 10.14 *1. 'Implizit'/'explizit' ist eine Eigenschaft der Funktionsdarstel-
lung, nicht der Funktion selbst.*

*2. Jede explizit gegebene Funktion kann als implizite Funktion geschrieben werden. Die
Umkehrung gilt i.a. nicht.*

*3. Ist g invertierbar, so ist die implizite Darstellung von g auch die implizite Darstel-
lung der Umkehrfunktion*

$$g^{-1} : W_g \to D_g, \quad x = g^{-1}(y)$$

Obwohl aus der impliziten Darstellung i.a. nicht die explizite Darstellung von g oder
g^{-1} gewonnen werden kann, erlaubt der folgende Satz, der aus der verallgemeinerten
Kettenregel folgt, trotzdem deren Ableitung.

Satz 10.3 *Sei $f : D_f \to \mathbf{R}$ auf $D_f \subseteq \mathbf{R}^2$ stetig differenzierbar. Sei $D_g \subseteq \mathbf{R}$ und*

$$g : D_g \to \mathbf{R}, \quad y = g(x) \quad durch \quad f(x,y) = 0$$

implizit gegeben. Dann gilt $\forall\, (x,y) \in D_f$ mit $f'_y(x,y) \neq 0$:

$$g'(x) = -\frac{f'_x(x,y)}{f'_y(x,y)}$$

Existiert die Umkehrfunktion

$$g^{-1} : W_g \to D_g, \quad x = g^{-1}(y)$$

von g, so gilt $\forall\, (x,y) \in D_f$ mit $f'_x(x,y) \neq 0$:

$$\frac{d}{dy} g^{-1}(y) = -\frac{f'_y(x,y)}{f'_x(x,y)} = \frac{1}{g'(x)}\Bigg|_{x=g^{-1}(y)}$$

Es folgt die Verallgemeinerung obigen Satzes auf implizit dargestellte Funktionen von n Variablen.

Satz 10.4 (Verallgemeinerung) *Sei $f : D_f \to \mathbf{R}$ auf $D_f \subseteq \mathbf{R}^{n+1}$ stetig partiell differenzierbar. Sei $D_g \subseteq \mathbf{R}^n$ und*

$$g : D_g \to \mathbf{R}, \quad y = g(x_1, \ldots, x_n) \quad durch \quad f(x_1, \ldots, x_n, y) = 0$$

implizit gegeben. Dann gilt $\forall (x_1, \ldots, x_n, y) \in D_f$ mit $f'_y(x_1, \ldots, x_n, y) \neq 0$:

$$g'_{x_i}(x_1, \ldots, x_n) = -\frac{f'_{x_i}(x_1, \ldots, x_n, y)}{f'_y(x_1, \ldots, x_n, y)}$$

für $i = 1, \ldots, n$.

10.7 Homogenität

In diesem Abschnitt geht es um die Frage, wie sich die Endogene, also der Funktionswert einer Funktion f verändert, falls alle Exogenen mit dem gleichen Faktor vergrößert ($\lambda > 1$) oder verkleinert ($\lambda < 1$) werden. Natürlich wird sich bei den meisten Funktionen dann der Funktionswert von f ändern, aber bei homogenen Funktionen hat diese Änderung eine gleichbleibend einfache Form. Man untersucht die Homogenitätseigenschaft etwa in der Mikroökonomie bei Produktions- und Nachfragefunktionen.

Definition 10.20 *Eine Funktion $f : D_f \to \mathbf{R}$, $D_f \subseteq \mathbf{R}^n$, ist **homogen** vom Grade $r : \iff \forall \mathbf{x} \in D_f$ und $\forall \lambda > 0$ gilt: $\lambda \mathbf{x} \in D_f$ und $f(\lambda \mathbf{x}) = \lambda^r f(\mathbf{x})$. $r \in \mathbf{R}$ heißt **Homogenitätsgrad** von f.*

Bemerkung 10.15   *1. Man beachte, daß nur die Variablen $x_1, \ldots, x_n$ und NICHT die Parameter mit dem Faktor λ multipliziert werden.*

   2. Bei Funktionen einer Variablen sind die Potenzfunktionen $f(x) = ax^r$ mit $a \neq 0$ und $x > 0$ homogen vom Grade r.

   3. Es folgt eine nähere Betrachtung der Wirkung des Homogenitätsgrades r für den Fall $\underline{\lambda > 1}$.

   - *$r > 1 \Rightarrow \lambda^r > \lambda \Rightarrow f(\mathbf{x})$ wächst mit einem größeren Faktor als $\mathbf{x}$.*
   - *$r = 1 \Rightarrow \lambda^r = \lambda \Rightarrow f(\mathbf{x})$ wächst mit dem gleichen Faktor wie $\mathbf{x}$. Man nennt f dann **linear homogen**.*
   - *$0 < r < 1 \Rightarrow 1 < \lambda^r < \lambda \Rightarrow f(\mathbf{x})$ wächst mit einem kleineren Faktor als $\mathbf{x}$.*
   - *$r = 0 \Rightarrow \lambda^r = 1 \Rightarrow f(\mathbf{x})$ verändert sich nicht (unabhängig von λ)*
   - *$r < 0 \Rightarrow 0 < \lambda^r < 1 \Rightarrow f(\mathbf{x})$ schrumpft, wenn $\mathbf{x}$ wächst.*

Die nun folgende Eulersche Formel ist gelegentlich nützlich beim Nachweis der Homogenität und bei der Bestimmung des Homogenitätsgrades. Zudem wird damit im nächsten Abschnitt eine Verbindung zu den Elastizitäten geschaffen.

Satz 10.5 (Eulersche Formel) *Sei $D_f \subseteq \mathbf{R}^n$ und $f : D_f \to \mathbf{R}$ partiell differenzierbar. Dann ist f homogen vom Grade $r \iff \forall\, \mathbf{x} \in D_f$ gilt: $r \cdot f(\mathbf{x}) = \sum_{i=1}^n f'_{x_i}(\mathbf{x}) \cdot x_i$*

Bemerkung 10.16 *Wenn also $\sum_{i=1}^n f'_{x_i}(\mathbf{x}) \cdot x_i$ sich in die Form $r \cdot f(\mathbf{x})$ bringen läßt, so ist der Nachweis der Homogenität von f erbracht. Wichtig ist, daß r eine feste reelle Zahl sein muß, also NICHT von den Variablen $x_1, \ldots, x_n$ abhängen darf!*

Abschließend werden noch einige Rechenregeln für homogene Funktionen und die Ergebnisse für die Cobb-Douglas-Funktion und die CES-Funktion aufgeführt.

Satz 10.6   *1. Sind die Funktionen $f_1(\mathbf{x})$ und $f_2(\mathbf{x})$ homogen vom Grade r_1 bzw. r_2, so ist*

(a) *$f_1(\mathbf{x}) \pm f_2(\mathbf{x})$ <u>nur</u> homogen, wenn $r_1 = r_2$ ist.*

(b) *$f_1(\mathbf{x}) \cdot f_2(\mathbf{x})$ homogen vom Grad $r_1 + r_2$.*

(c) *$\dfrac{f_1(\mathbf{x})}{f_2(\mathbf{x})}$ homogen vom Grad $r_1 - r_2$, sofern $f_2(\mathbf{x}) \neq 0$.*

2. Ist die Funktion $f(\mathbf{x})$ homogen vom Grade r und partiell differenzierbar, so ist $f'_{x_i}(\mathbf{x})$ homogen vom Grade $r - 1$ für $i = 1, \ldots, n$.

Bemerkung 10.17 *Die Cobb-Douglas-Funktion – siehe Def. 10.7 – ist homogen vom Grad $r = \sum_{i=1}^n a_i$, die CES-Funktion – siehe Def. 10.7 – linear homogen.*

10.8   Änderungsraten und Elastizitäten

Wenn es darum geht, die Wirkung der Änderung einer unabhängigen Variablen auf die abhängige Variable zu messen, ist der Differenzen- bzw. Differentialquotient oft nicht so geeignet, da er von den Dimensionen und Skalierungen beider Variablen abhängt. In Änderungsraten und Elastizitäten sind diese Abhängigkeiten teilweise oder ganz beseitigt, was für eine bessere Vergleichbarkeit der Ergebnisse sorgt. Daher finden diese Begriffe in ökonomischen Diskussionen große Verwendung. Da alle wesentlichen Konzepte schon bei Funktionen einer Variablen eingeführt und dann mühelos auf Funktionen mehrerer Variablen übertragen werden können, nimmt der erste Unterabschnitt den größeren Raum ein.

10.8.1   Funktionen einer Variablen

Neben dem Differenzenquotienten aus Abschnitt 5.1 gibt es noch die folgenden drei Konzepte zur Beschreibung von Änderungen einer Variable, wobei – wie beim Differenzenquotienten – bei den Begriffen 2 und 3 der folgenden Definition die Änderung einer unabhängigen Variable die Änderung einer abhängigen Variable bewirkt, während bei der relativen Änderung nur eine Variable für sich betrachtet wird. Dabei enthält die einfache 'relative Änderung' die wesentliche Idee zur Dimensionsbereinigung (Division einer Änderung durch den Wert einer Variable), die dann auf den Differenzenquotienten einmal (bei der Änderungsrate) oder zweimal (bei der Elastizität) angewendet wird.

Definition 10.21 Sei $f : D_f \to \mathbf{R}$, $D_f \subseteq \mathbf{R}$, und $x_0, x_1 \in D_f$ mit $\Delta x := x_1 - x_0$ und $\Delta f(x) := f(x_1) - f(x_0)$. Dann wird

1. die **mittlere relative Änderung** von x in x_0 für $x_0 \neq 0$ definiert als

$$\frac{\Delta x}{x_0}$$

2. die **mittlere Änderungsrate** von f in x_0 für $\Delta x \neq 0$ und $f(x_0) \neq 0$ definiert als

$$\frac{\Delta f(x)}{\Delta x \cdot f(x_0)} = \frac{\Delta f(x)/f(x_0)}{\Delta x}$$

3. die **mittlere Elastizität** oder **Bogenelastizität** von f in x_0 für $\Delta x \neq 0$ und $f(x_0) \neq 0$ definiert als

$$\frac{\Delta f(x) \cdot x_0}{\Delta x \cdot f(x_0)} = \frac{\Delta f(x)/f(x_0)}{\Delta x/x_0}$$

Bemerkung 10.18   1. Die mittlere relative Änderung ist dimensionslos. Interpretation: Für $x = x_0$ gilt: x ändert sich um $\frac{\Delta x}{x_0} \cdot 100\%$. Man beachte, daß sich bei der mittleren relativen Änderung Anteile ergeben, die erst auf Prozentzahlen umskaliert werden müssen.

2. Interpretation des Differenzenquotienten: Für $x = x_0$ gilt: Wächst x um 1 Einheit, so ändert sich $f(x)$ um $\frac{\Delta f(x)}{\Delta x}$ Einheiten.

3. Interpretation der mittleren Änderungsrate: Für $x = x_0$ gilt: Wächst x um 1 Einheit, so ändert sich $f(x)$ um $\frac{\Delta f(x)}{\Delta x \cdot f(x_0)} \cdot 100\%$. Auch hier müssen die Anteile erst auf Prozentzahlen umskaliert werden. Außerdem ist die mittlere Änderungsrate abhängig von der Dimension der unabhängigen Variable, was sich etwa in der Anwendung bei Wachstumsraten <u>pro Jahr</u> aber auch als sinnvoll erweist.

4. Die mittlere Elastizität ist dimensionslos. Sie kann als Quotient zweier relativer Änderungen aufgefaßt werden. Interpretation: Für $x = x_0$ gilt: Wächst x um 1 %, so ändert sich $f(x)$ um $\frac{\Delta f(x) \cdot x_0}{\Delta x \cdot f(x_0)}\%$. Hier erhält man direkt Prozentzahlen in beiden Variablen, da der Faktor 100 in Zähler und Nenner steht und sich daher herauskürzt.

Bemerkung 10.19 Durch Grenzwertbildung $(\Delta x \to 0)$ werden aus Differenzenquotienten Differentialquotienten und aus mittleren Änderungsraten und Elastizitäten die folgenden Begriffe.

Definition 10.22 Sei $f : D_f \to \mathbf{R}$, $D_f \subseteq \mathbf{R}$, differenzierbar in $x_0 \in D_f$ mit $f(x_0) \neq 0$. Dann heißt:

1. $\rho_f(x_0) := \frac{f'(x_0)}{f(x_0)}$ **Änderungsrate** von f in x_0.

2. $\varepsilon_f(x_0) := x \cdot \dfrac{f'(x_0)}{f(x_0)} = x \cdot \rho_f(x_0)$ **(Punkt-)Elastizität** *von* f *in* x_0.

Bemerkung 10.20 *1. Interpretation des Differentialquotienten: Für* $x = x_0$ *gilt: Wächst* x *um 1 Einheit, so ändert sich* $f(x)$ *approximativ um* $f'(x_0)$ *Einheiten. Das Wort 'approximativ' ist nun erforderlich, da hier – wie beim Differential in Abschnitt 10.3 – die wahre Änderung von* f *durch die Änderung der Tangente an* f *in* x_0 *approximiert wird.*

2. *Interpretation der Änderungsrate: Für* $x = x_0$ *gilt: Wächst* x *um 1 Einheit, so ändert sich* $f(x)$ *approximativ um* $\rho_f(x_0) \cdot 100\%$*. Wie bei der mittleren Änderungsrate muß auf Prozentzahlen umskaliert werden und es ergibt sich die Abhängigkeit von der Dimension der Exogenen. Und wie im vorigen Punkt handelt es sich auch hier nur um gewichtete Änderungen der approximierenden Tangente an* f *in* x_0*.*

3. *Die Elastizität ist dimensionslos. Interpretation: Für* $x = x_0$ *gilt: Wächst* x *um 1 %, so ändert sich* $f(x)$ *approximativ um* $\varepsilon_f(x_0)\%$*. Wie bei der mittleren Elastizität ergeben sich automatisch Prozentzahlen für beide Variablen. Zum Wort 'approximativ' vergleiche man den vorigen Punkt.*

Schließlich kann man, wie bei Ableitungen, beide Konzepte zu Funktionen auf ganz D_f ausdehnen.

Definition 10.23 *Sei* $f : D_f \to \mathbf{R}$*,* $D_f \subseteq \mathbf{R}$*, differenzierbar auf* D_f *und*

$$D^* := \{x \in D_f \mid f(x) \neq 0\}$$

1. *Die* **Änderungsrate(nfunktion)** *von* f *ist dann*

$$\rho_f : D^* \to \mathbf{R}, \quad \rho_f(x) := \frac{f'(x)}{f(x)}$$

2. *Die* **Elastizität(sfunktion)** *von* f *ist dann*

$$\varepsilon_f : D^* \to \mathbf{R}, \quad \varepsilon_f(x) := x \cdot \frac{f'(x)}{f(x)} = x \cdot \rho_f(x)$$

Bemerkung 10.21 *1. Wenn die Logarithmierung von* f *die Berechnungen vereinfacht – etwa bei großen Produkten –, ist folgender Hinweis nützlich: Für* $f(x) > 0$ *gilt*

$$\frac{d}{dx}\ln(f(x)) = \frac{f'(x)}{f(x)} \Rightarrow \rho_f(x) = \frac{d}{dx}\ln(f(x))$$

2. *Für affin-lineare Funktionen* $f(x) = a + bx$ *mit* $a \in \mathbf{R}$*,* $b \neq 0$ *ist die Ableitungsfunktion* $f'(x) = b$ *konstant, Änderungsraten- und Elastizitätsfunktion aber nicht.*

3. *Für die Exponentialfunktionen* $f(x) = ae^{bx}$ *mit* $a, b \neq 0$ *ist die Änderungsratenfunktion* $\rho_f(x) = b$ *konstant, Ableitungs- und Elastizitätsfunktion nicht.*

4. *Für Potenzfunktionen* $f(x) = ax^b$ *mit* $x > 0$ *und* $a, b \neq 0$ *ist die Elastizitätsfunktion* $\varepsilon_f(x) = b$ *konstant, Ableitungs- und Änderungsratenfunktion nicht.*

In ökonomischen Diskussionen spielen die nun folgenden Elastizitätsbereiche eine große Rolle, da sie es erlauben, Wirkungen der Exogenen auf die Endogene eines Modells (ohne Beachtung des Vorzeichens) in Größenklassen einzuteilen. Um diese Bereiche bei konkreten Funktionen ermitteln zu können, sind Kenntnisse der Betragsrechnung und des Rechnens mit Ungleichungen – siehe Vorkurs – sehr hilfreich!

Definition 10.24 *Sei $\varepsilon_f(x)$ die Elastizitätsfunktion der Funktion $f : D_f \to \mathbf{R}$. Man unterscheidet die folgenden* **Elastizitätsbereiche***: f heißt für $x_0 \in D_f$*

1. **vollkommen unelastisch**, *falls $\varepsilon_f(x_0) = 0$.*

2. **unelastisch**, *falls $0 < |\varepsilon_f(x_0)| < 1$.*

3. **1-elastisch**, *falls $|\varepsilon_f(x_0)| = 1$.*

4. **elastisch**, *falls $1 < |\varepsilon_f(x_0)| < \infty$.*

5. **vollkommen elastisch**, *falls $\lim_{x \to x_0} |\varepsilon_f(x)| = \infty$.*

Bemerkung 10.22 (Interpretation) *1. Ist f vollkommen unelastisch für $x_0 \in D_f$, so ändert sich $f(x)$ nicht, wenn sich x ändert.*

2. *Ist f unelastisch für $x_0 \in D_f$, so ist der Betrag der prozentualen Änderung von $f(x)$ echt kleiner als der Betrag der prozentualen Änderung von x.*

3. *Ist f 1-elastisch für $x_0 \in D_f$, so ist der Betrag der prozentualen Änderung von $f(x)$ gleich dem Betrag der prozentualen Änderung von x.*

4. *Ist f elastisch für $x_0 \in D_f$, so ist der Betrag der prozentualen Änderung von $f(x)$ echt größer als der Betrag der prozentualen Änderung von x.*

5. *Ist f vollkommen elastisch für $x_0 \in D_f$, so ist der Betrag der prozentualen Änderung von $f(x)$ unendlich groß und $\varepsilon_f(x)$ ist nicht definiert.*

Bemerkung 10.23 *Nur bei den Elastizitätsbereichen ist die Richtung der Änderung von $f(x)$ (das Vorzeichen von $\varepsilon_f(x)$) nicht von Interesse, sonst natürlich schon!*

Die folgenden Rechenregeln – vor allem die Punkte 1, 3 und 4 – können eine große Arbeitsersparnis bedeuten, wenn etwa schon geeignete Einzelergebnisse vorliegen.

Satz 10.7 (Rechenregeln) *Seien $f, g : D_{f,g} \to \mathbf{R}$ auf $D^* \subseteq D_f \cap D_g$ differenzierbare Funktionen mit $f(x), g(x) \neq 0 \, \forall \, x \in D^*$ und sei $c \in \mathbf{R}$. Dann gilt:*

	Änderungsratenfunktionen	Elastizitätsfunktionen
1	$\rho_{cf}(x) = \rho_f(x)$	$\varepsilon_{cf}(x) = \varepsilon_f(x)$
2	$\rho_{f+g}(x) = \dfrac{f(x) \cdot \rho_f(x) + g(x) \cdot \rho_g(x)}{f(x) + g(x)}$	$\varepsilon_{f+g}(x) = \dfrac{f(x) \cdot \varepsilon_f(x) + g(x) \cdot \varepsilon_g(x)}{f(x) + g(x)}$
3	$\rho_{f \cdot g}(x) = \rho_f(x) + \rho_g(x)$	$\varepsilon_{f \cdot g}(x) = \varepsilon_f(x) + \varepsilon_g(x)$
4	$\rho_{f/g}(x) = \rho_f(x) - \rho_g(x)$	$\varepsilon_{f/g}(x) = \varepsilon_f(x) - \varepsilon_g(x)$
5	$\rho_{g \circ f}(x) = f(x) \cdot \rho_g(f(x)) \cdot \rho_f(x)$	$\varepsilon_{g \circ f}(x) = \varepsilon_g(f(x)) \cdot \varepsilon_f(x)$
6	$f(x) \cdot \rho_{f^{-1}}(f(x)) \cdot x \cdot \rho_f(x) = 1$	$\varepsilon_{f^{-1}}(f(x)) \cdot \varepsilon_f(x) = 1$

Natürlich muß in der vorletzten Zeile noch $W_f \subseteq D_g$ gelten.

Etwa beim Übergang von Kostenfunktionen zu Stückkostenfunktionen ist der zweite Punkt des folgenden Spezialfalls nützlich.

Bemerkung 10.24 (Spezialfall) *Mit $g(x) = \mathrm{id}(x) = x$ für $x \neq 0$ folgt $\varepsilon_{\mathrm{id}}(x) = 1$ und*

$$\varepsilon_{f \cdot \mathrm{id}}(x) = \varepsilon_f(x) + 1 \quad \varepsilon_{f/\mathrm{id}}(x) = \varepsilon_f(x) - 1$$

Schließlich kann man die Eulersche Formel aus dem vorigen Abschnitt auch mit Elastizitäten formulieren.

Satz 10.8 (Eulersche Formel) *Sei $D^* \subseteq \mathbf{R}$ mit $f(x) \neq 0$. Dann ist $f : D^* \to \mathbf{R}$ homogen vom Grade $r \in \mathbf{R} \iff \forall\, x \in D^*$ gilt: $r = \varepsilon_f(x)$*

Bemerkung 10.25 *Damit die rechte Seite der Äquivalenz erfüllt ist, darf $\varepsilon_f(x)$ nicht von x abhängen.*

10.8.2 Funktionen mehrerer Variablen

Die Übertragung der Begriffe des vorigen Unterabschnitts auf Funktionen mehrerer Variablen bedeutet nur eine andere Schreibweise, wie folgende Definition zeigt. Alle Bemerkungen und Rechenregeln sind dann direkt zu übertragen und werden daher hier – mit einer Ausnahme – nicht mehr erwähnt.

Definition 10.25 *Sei $f : D_f \to \mathbf{R}$, $D_f \subseteq \mathbf{R}^n$, partiell differenzierbar. Dann heißt für $f(\mathbf{x}) \neq 0$*

$$\rho_{f,x_i}(\mathbf{x}) := \frac{f'_{x_i}(\mathbf{x})}{f(\mathbf{x})}$$

partielle Änderungsratenfunktion *von f bzgl. x_i für $i = 1, \ldots, n$ und*

$$\varepsilon_{f,x_i}(\mathbf{x}) := x_i \cdot \frac{f'_{x_i}(\mathbf{x})}{f(\mathbf{x})} = x_i \cdot \rho_{f,x_i}(\mathbf{x})$$

partielle Elastizitätsfunktion *von f bzgl. x_i für $i = 1, \ldots, n$.*

Bemerkung 10.26 *1. Für die Cobb-Douglas-Funktion – siehe Def. 10.7 – gilt*

$$\varepsilon_{f,x_i}(\mathbf{x}) = a_i \text{ für } i = 1, \ldots, n.$$

2. Für die CES-Funktion – siehe Def. 10.7 – gilt für $i = 1, \ldots, n$:

$$\varepsilon_{f,x_i}(\mathbf{x}) = \frac{a_i x_i^\rho}{\sum\limits_{i=1}^{n} a_i x_i^\rho}$$

Die Eulersche Formel lautet für Funktionen mehrerer Variablen und in Elastizitäten folgendermaßen:

Satz 10.9 (Eulersche Formel) *Sei $f : D^* \to \mathbf{R}$, $D^* \subseteq \mathbf{R}^n$, partiell differenzierbar mit $f(\mathbf{x}) \neq 0 \ \forall\, \mathbf{x} \in D^*$. Dann ist f homogen vom Grade $r \in \mathbf{R} \iff \forall\, \mathbf{x} \in D^*$ gilt:*

$$r = \sum_{i=1}^{n} \varepsilon_{f,x_i}(\mathbf{x})$$

Bemerkung 10.27 *Damit die rechte Seite der Äquivalenz erfüllt ist, darf die Summe der Elastizitäten nicht von den Variablen abhängen.*

10.9   Taylorreihen

In diesem Abschnitt werden nur Funktionen einer Variablen betrachtet, da Taylorreihen schon für Funktionen zweier Variablen doch sehr aufwendig werden. Es wird versucht, das in Abschnitt 10.3 beschriebene Verfahren, beliebige differenzierbare Funktionen einer Variablen durch Tangenten zu approximieren, zu verbessern. Dies geschieht, indem zur Approximation Polynome oder – für gegen Unendlich strebenden Polynomgrad – Potenzreihen verwendet werden. Diese Verfahren dienen u.a. zur approximativen Berechnung von transzendenten Funktionswerten (z.B. von e^x und $\ln(x)$) und irrationalen Zahlen (z.B. π) sowie zur Approximation von komplizierteren Funktionen, etwa bei der Nullstellenberechnung oder der Integration – siehe Abschnitt 12.4. Schließlich werden in der Ökonomie auch nicht näher spezifizierte Funktionen aufgrund dieses Ansatzes durch Polynome approximiert.

Eine Potenzreihe ist eine Funktion S, deren Funktionswerte für alle $x \in D_S$ Reihen sind, die man aus Polynomen mit gegen Unendlich strebendem Polynomgrad erhält. Dabei treten gewisse Koeffizienten b_k auf, die noch näher beschrieben werden. Die Reihe wird dabei, wie die Tangente in Abschnitt 10.3, an einer Stelle $x_0 \in D_S$ entwickelt. Schließlich ist eine Funktion nur auf diese Weise definiert, wenn die entsprechende Reihe konvergiert (siehe Abschnitt 4.2), so daß der Definitionsbereich der Funktion nur im Konvergenzbereich der Reihe liegen kann.

Definition 10.26 *Sei* $k \in \mathbf{N}_0$. *Dann heißt*

$$S : D_S \to \mathbf{R}, \quad S(x) := \sum_{k=0}^{\infty} b_k(x - x_0)^k$$

Potenzreihe *mit* **Entwicklungsstelle** $x_0 \in D_S$ *und* **Koeffizienten** $b_k \in \mathbf{R}$, *wobei*

$$D_S := \{x \in \mathbf{R} \mid S(x) \ konvergiert\}$$

Diese Potenzreihen werden betrachtet, um damit eine Funktion f möglichst gut zu approximieren. Eine Taylorreihe ist eine spezielle Potenzreihe, die für diesen Zweck besonders geeignet ist, da die eben noch unbestimmten Koeffizienten – falls f hinreichend oft differenzierbar ist – abhängig von den Ableitungen von f so gewählt werden, daß f und die Taylorreihe in ihren Ableitungen an der Entwicklungsstelle x_0 übereinstimmen.

Definition 10.27 *Sei* $f : D_f \to \mathbf{R}$ *in einer Umgebung von* $x_0 \in D_f$ *unendlich oft differenzierbar und* $x \in D_f$. *Dann heißt*

$$T_f^{\infty}(x) := \sum_{k=0}^{\infty} \frac{f^{(k)}(x_0)}{k!} \cdot (x - x_0)^k$$

Taylorreihe *von* f *mit der Entwicklungsstelle* x_0.

Bemerkung 10.28 *Zur Erinnerung:*

$$f^{(k)}(x_0) = \frac{d^k}{dx^k} f(x) \bigg|_{x=x_0} \quad und \quad f(x_0) = f^{(0)}(x_0) = \frac{f^{(0)}(x_0)}{0!} \cdot (x - x_0)^0$$

Bei konkreten Berechnungen wird man, etwa wenn der Approximationsfehler unter eine gewünschte Schranke gedrückt wurde, die Taylorreihe nach einem gewissen Summanden abbrechen wollen. Man erhält dann ein Taylorpolynom n-ten Grades und ein Restglied, das für Stellen $x \neq x_0$ i.a. von Null verschieden ist.

Definition 10.28 *Sei $f : D_f \to \mathbf{R}$ in einer Umgebung von $x_0 \in D_f$ n-mal differenzierbar und $x \in D_f$. Dann heißt*

$$T_f^n(x) := \sum_{k=0}^n \frac{f^{(k)}(x_0)}{k!} \cdot (x - x_0)^k$$

das **n-te Taylorpolynom** *von f mit der Entwicklungsstelle x_0, und es gilt*

$$f(x) = T_f^n(x) + R_f^n(x)$$

mit dem **Restglied** $R_f^n(x)$.

Bemerkung 10.29 *$T_f^0(x)$ ist die Konstante $f(x_0)$. $T_f^1(x)$ ist die schon bekannte Tangente an f in $x = x_0$. $T_f^n(x)$ ist ein Polynom n-ten Grades, das in x_0 den gleichen Funktionswert und die gleichen Ableitungen wie f bis zur Ordnung n hat.*

Die Taylorreihe einer unendlich oft differenzierbaren Funktion f muß für $x \neq x_0$ nicht konvergieren. Wenn sie konvergiert, muß sie nicht gegen f konvergieren. Daher kann man folgende Funktionseigenschaft definieren, die noch stärkere Anforderungen an f als bloße Differenzierbarkeit stellt.

Definition 10.29 *$f : D_f \to \mathbf{R}$ heißt* **analytisch** *in $x_0 \in D_f$, wenn es eine Potenzreihe gibt, die in einer Umgebung von x_0 gegen f konvergiert.*

Satz 10.10 *Die Potenzreihendarstellung einer analytischen Funktion f um $x_0 \in D_f$ stimmt mit der Taylorreihe von f um x_0 überein. Es existiert ein $r \in (0, \infty]$, so daß die Reihe $\forall x$ mit $|x - x_0| < r$ konvergiert und $\forall x$ mit $|x - x_0| > r$ divergiert. r heißt* **Konvergenzradius** *und $(x_0 - r, x_0 + r)$* **Konvergenzintervall**. *Im Konvergenzintervall gilt*

$$f(x) = T_f^\infty(x) \quad und \quad R_f^\infty(x) = 0$$

Eine Übersicht schließt den Abschnitt ab:

Satz 10.11 *Die Taylorreihen einiger wichtiger Funktionen:*

Konvergenzintervall	Funktion	Taylorreihe
$\mathbb{R}$	e^x	$\displaystyle\sum_{k=0}^{\infty} \frac{x^k}{k!}$
$\mathbb{R}$	a^x	$\displaystyle\sum_{k=0}^{\infty} \frac{(x\ln(a))^k}{k!}$
$(-1,1]$	$\ln(1+x)$	$\displaystyle\sum_{k=1}^{\infty} \frac{(-1)^{k-1}}{k} \cdot x^k$
$(0,\infty)$	$\ln(x)$	$\displaystyle 2\sum_{k=0}^{\infty} \frac{(x-1)^{2k+1}}{(2k+1)(x+1)^{2k+1}}$
$\mathbb{R}$	$\sin(x)$	$\displaystyle\sum_{k=0}^{\infty}(-1)^k \cdot \frac{x^{2k+1}}{(2k+1)!}$
$\mathbb{R}$	$\cos(x)$	$\displaystyle\sum_{k=0}^{\infty}(-1)^k \cdot \frac{x^{2k}}{(2k)!}$
$(-1,1)$	$\dfrac{1}{1-x}$	$\displaystyle\sum_{k=0}^{\infty} x^k$

Kapitel 11

Optimierung

Es gehört zu den Hauptaufgaben der Mathematik in der Ökonomie, Verfahren zur Maximierung von z.B. Gewinn- oder Umsatzfunktionen oder zur Minimierung von z.B. Kostenfunktionen zur Verfügung zu stellen. Die Verfahren werden in diesem Kapitel erläutert. In allen Abschnitten werden die jeweiligen Konzepte zunächst für Funktionen einer Variablen eingeführt und dann auf Funktionen mehrerer Variablen verallgemeinert.

11.1 Lokale und globale Extrema

Zunächst müssen einige Begriffe definiert werden.

11.1.1 Funktionen einer Variablen

Definition 11.1 *Eine Funktion $f : D_f \to \mathbf{R}$, $D_f \subseteq \mathbf{R}$, hat in $x_0 \in D_f$ ein*

1. **globales Maximum,** *falls $\forall\, x \in D_f$ gilt: $f(x_0) \geq f(x)$*

2. **globales Minimum,** *falls $\forall\, x \in D_f$ gilt: $f(x_0) \leq f(x)$*

3. **striktes globales Maximum,** *falls $\forall\, x \in D_f \setminus \{x_0\}$ gilt: $f(x_0) > f(x)$*

4. **striktes globales Minimum,** *falls $\forall\, x \in D_f \setminus \{x_0\}$ gilt: $f(x_0) < f(x)$*

5. **lokales Maximum,** *falls eine Umgebung $\mathcal{U}_\varepsilon(x_0) \subseteq D_f$ existiert mit*
   $f(x_0) \geq f(x) \,\forall\, x \in \mathcal{U}_\varepsilon(x_0)$

6. **lokales Minimum,** *falls eine Umgebung $\mathcal{U}_\varepsilon(x_0) \subseteq D_f$ existiert mit*
   $f(x_0) \leq f(x) \,\forall\, x \in \mathcal{U}_\varepsilon(x_0)$

7. **striktes lokales Maximum,** *falls eine Umgebung $\mathcal{U}_\varepsilon(x_0) \subseteq D_f$ existiert mit*
   $f(x_0) > f(x) \,\forall\, x \in \mathcal{U}_\varepsilon^*(x_0)$

8. **striktes lokales Minimum,** *falls eine Umgebung $\mathcal{U}_\varepsilon(x_0) \subseteq D_f$ existiert mit*
   $f(x_0) < f(x) \,\forall\, x \in \mathcal{U}_\varepsilon^*(x_0)$

x_0 selbst heißt dann **Maximal-** *bzw.* **Minimalstelle.** **Extremum** *ist der Oberbegriff für Maximum und Minimum,* **Extrem(al)stelle** *der Oberbegriff für Maximal- und Minimalstelle.*

Bemerkung 11.1   *1. Maxima, Minima bzw. Extrema sind also die Punkte auf dem Graphen von f, während man die zugehörigen Stellen im Definitionsbereich von f als Maximal-, Minimal- bzw. Extremstellen bezeichnet.*

2. Ein striktes lokales Maximum – alles analog für ein Minimum – liegt also in $x_0 \in D_f$ vor, wenn f in x_0 den größten Funktionswert in einer (eventuell sehr kleinen) Umgebung von x_0 mit dem Durchmesser 2ε aufweist. Diese Umgebung $\mathcal{U}_\varepsilon(x_0)$ – siehe Abschnitt 4.2 – muß aber zu beiden Seiten von x_0 existieren, so daß lokale Extrema NICHT am Rand von D_f liegen dürfen. In lokalen Extrema gilt immer $f'(x_0) = 0$, so daß lokale Extrema durch Nullsetzen der 1. Ableitung ermittelt werden können.

3. Nicht-strikte lokale Extrema treten dann auf, wenn die Funktion (eventuell nur auf einem Teil von D_f) konstant ist, was relativ selten auftritt.

4. Ein globales Maximum – alles analog für ein Minimum – liegt in $x_0 \in D_f$ dann vor, wenn f in x_0 den größten Funktionswert auf dem gesamten Definitionsbereich aufweist. Wird dieser Wert $f(x_0)$ nur in x_0 realisiert, liegt dort ein striktes globales Maximum vor. Gibt es mehrere x_i mit $f(x_0) = f(x_i)$ für $i = 1, 2, \ldots$, so liegen in $x_0, x_1, \ldots$ nicht-strikte globale Maxima vor. Globale Extrema dürfen am Rand von D_f liegen, müssen aber natürlich nicht. Die globalen Extrema findet man durch Vergleich der lokalen Extrema und der Funktionswerte am eventuellen Rand von D_f.

5. Eine Funktion kann viele lokale Maxima und Minima haben, jedoch nur ein globales Maximum und ein globales Minimum. Letztere treten an mehreren Stellen auf, wenn sie nicht strikt sind. Ein lokales Minimum/Maximum ist also nicht unbedingt global, da es mehrere lokale Minima/Maxima geben kann. Aber ein globales Minimum/Maximum ist auch nicht unbedingt lokal, da globale Extrema am Rand von D_f liegen können, lokale hingegen nicht.

6. Es gibt Funktionen, die weder Minima noch Maxima besitzen.

11.1.2   Funktionen mehrerer Variablen

Die Übertragung der Konzepte des vorigen Unterabschnitts auf Funktionen mehrerer Variablen erfordert nur eine andere Schreibweise.

Definition 11.2 *Eine Funktion $f : D_f \to \mathbf{R}$, $D_f \subseteq \mathbf{R}^n$, hat in $\bar{\mathbf{x}} \in D_f$ ein*

1. **globales Maximum,** *falls $\forall \mathbf{x} \in D_f$ gilt: $f(\bar{\mathbf{x}}) \geq f(\mathbf{x})$*

2. **globales Minimum,** *falls $\forall \mathbf{x} \in D_f$ gilt: $f(\bar{\mathbf{x}}) \leq f(\mathbf{x})$*

3. **striktes globales Maximum,** *falls $\forall \mathbf{x} \in D_f \setminus \{\bar{\mathbf{x}}\}$ gilt: $f(\bar{\mathbf{x}}) > f(\mathbf{x})$*

4. **striktes globales Minimum,** *falls $\forall \mathbf{x} \in D_f \setminus \{\bar{\mathbf{x}}\}$ gilt: $f(\bar{\mathbf{x}}) < f(\mathbf{x})$*

5. **lokales Maximum,** *falls eine Umgebung $\mathcal{U}_\varepsilon(\bar{\mathbf{x}}) \subseteq D_f$ existiert mit $f(\bar{\mathbf{x}}) \geq f(\mathbf{x}) \; \forall \mathbf{x} \in \mathcal{U}_\varepsilon(\bar{\mathbf{x}})$*

6. **lokales Minimum,** *falls eine Umgebung $\mathcal{U}_\varepsilon(\bar{\mathbf{x}}) \subseteq D_f$ existiert mit $f(\bar{\mathbf{x}}) \leq f(\mathbf{x}) \; \forall \mathbf{x} \in \mathcal{U}_\varepsilon(\bar{\mathbf{x}})$*

7. **striktes lokales Maximum,** *falls eine Umgebung* $\mathcal{U}_\varepsilon(\bar{\mathbf{x}}) \subseteq D_f$ *existiert mit* $f(\bar{\mathbf{x}}) > f(\mathbf{x}) \; \forall \, \mathbf{x} \in \mathcal{U}_\varepsilon^*(\bar{\mathbf{x}})$

8. **striktes lokales Minimum,** *falls eine Umgebung* $\mathcal{U}_\varepsilon(\bar{\mathbf{x}}) \subseteq D_f$ *existiert mit* $f(\bar{\mathbf{x}}) < f(\mathbf{x}) \; \forall \, \mathbf{x} \in \mathcal{U}_\varepsilon^*(\bar{\mathbf{x}})$

$\bar{\mathbf{x}}$ *selbst heißt dann* **Maximal-** *bzw.* **Minimalstelle.** **Extremum** *ist der Oberbegriff für Maximum und Minimum,* **Extrem(al)stelle** *der Oberbegriff für Maximal- und Minimalstelle.*

Alle im letzten Unterabschnitt gemachten Bemerkungen gelten hier analog!

11.2 Konvexität und Konkavität

Die Beschreibung des (konvexen oder konkaven) Krümmungsverhaltens einer Funktion f ist entscheidend für die Formulierung hinreichender Bedingungen für Extrema im nächsten Abschnitt. In den Bereichen, in denen f konkav gekrümmt ist, können nur Maxima auftreten, in den Bereichen mit konvexer Krümmung nur Minima. Aber auch außerhalb der Optimierung klassifiziert man häufig ökonomische Funktionen nach ihrem Krümmungsverhalten. So kennzeichnet z.B. in der mikroökonomischen Theorie des Entscheidungsverhaltens die Konkavität der Erwartungsnutzenfunktion das betrachtete Individuum als risikoavers. Dieser Abschnitt beschreibt den Weg von der Idee der Krümmung einer Funktion bis zum berechenbaren Kriterium.

11.2.1 Funktionen einer Variablen

Definition 11.3   *1. Eine Funktion* $f : D_f \to \mathbf{R}$, $D_f \subseteq \mathbf{R}$, *heißt* **konkav** *über* $[a, b] \subseteq D_f : \Longleftrightarrow \forall \, x_1, x_2 \in [a, b]$ *und* $\forall \, \lambda \in [0, 1]$ *gilt:*

$$\lambda \cdot f(x_1) + (1 - \lambda) \cdot f(x_2) \leq f(\lambda x_1 + (1 - \lambda)x_2)$$

2. Eine Funktion $f : D_f \to \mathbf{R}$, $D_f \subseteq \mathbf{R}$, *heißt* **konvex** *über* $[a, b] \subseteq D_f : \Longleftrightarrow \forall \, x_1, x_2 \in [a, b]$ *und* $\forall \, \lambda \in [0, 1]$ *gilt:*

$$\lambda \cdot f(x_1) + (1 - \lambda) \cdot f(x_2) \geq f(\lambda x_1 + (1 - \lambda)x_2)$$

3. Eine Funktion $f : D_f \to \mathbf{R}$, $D_f \subseteq \mathbf{R}$, *heißt* **streng konkav** *über* $[a, b] \subseteq D_f : \Longleftrightarrow \forall \, x_1, x_2 \in [a, b]$ *und* $\forall \, \lambda \in (0, 1)$ *gilt:*

$$\lambda \cdot f(x_1) + (1 - \lambda) \cdot f(x_2) < f(\lambda x_1 + (1 - \lambda)x_2)$$

4. Eine Funktion $f : D_f \to \mathbf{R}$, $D_f \subseteq \mathbf{R}$, *heißt* **streng konvex** *über* $[a, b] \subseteq D_f : \Longleftrightarrow \forall \, x_1, x_2 \in [a, b]$ *und* $\forall \, \lambda \in (0, 1)$ *gilt:*

$$\lambda \cdot f(x_1) + (1 - \lambda) \cdot f(x_2) > f(\lambda x_1 + (1 - \lambda)x_2)$$

Bemerkung 11.2   *1. Ist eine Funktion f in einem Intervall $[a, b]$ konvex oder konkav, so müssen dort keine Extrema vorliegen. Aber <u>wenn</u> ein Extremum in $[a, b]$ vorliegt, so kann es bei konvexer Krümmung von f nur ein Minimum sein, bei konkaver Krümmung von f nur ein Maximum.*

2. *Nun folgen einige Erläuterungen zur sehr abstrakt aussehenden Definition:*

$$\{x \mid x = \lambda x_1 + (1 - \lambda)x_2, \ \lambda \in [0, 1]\}$$

ist das Intervall $[x_1, x_2]$ auf der x-Achse. Dabei werden alle Punkte auf dem Geradenstück zwischen x_1 und x_2 durch die Konvexkombination – siehe Abschnitt 6.4 – von x_1 und x_2 erzeugt.

$$\{y \mid y = f(\lambda x_1 + (1 - \lambda)x_2), \ \lambda \in [0, 1]\}$$

ist daher die Menge der Funktionswerte von f im Intervall $[x_1, x_2]$. Schließlich erzeugt man durch Konvexkombination der Punkte $f(x_1)$ und $f(x_2)$ noch ein weiteres Geradenstück, nämlich

$$\{y \mid y = \lambda f(x_1) + (1 - \lambda)f(x_2), \ \lambda \in [0, 1]\}$$

also die Menge der Funktionswerte einer Geraden im Intervall $[x_1, x_2]$, die f in den Punkten $(x_1, f(x_1))$ und $(x_2, f(x_2))$ schneidet.

3. *Obige Definition formalisiert folgende einfache Idee: Wenn man in beliebigen Teilintervallen $[x_1, x_2] \subseteq [a, b]$ Geraden in $(x_1, f(x_1))$ und $(x_2, f(x_2))$ mit f schneidet, so liegt zwischen x_1 und x_2 eine konkave Funktion immer oberhalb und eine konvexe Funktion immer unterhalb der Geraden.*

4. *Eine Gerade ist konkav und konvex, aber weder streng konkav noch streng konvex.*

5. *f ist genau dann (streng) konvex über $[a, b]$, wenn $(-f)$ (streng) konkav ist (und umgekehrt).*

Es wäre sehr umständlich, mit obiger Definition Krümmungseigenschaften nachweisen zu müssen. Doch man kann zu einem berechenbaren Kriterium mit Hilfe zweiter Ableitungen gelangen. Der folgende Satz formalisiert zunächst folgende Beobachtung: Ist eine Funktion f z.B. streng konkav über $[a, b] \subseteq D_f$ mit einer Maximalstelle $x_0 \in (a, b)$ und geht man im Definitionsbereich von a nach b, so werden die Funktionswerte von f zunächst stärker, dann schwächer wachsen, bis in x_0 die Steigung von f gleich Null ist und dann die Funktionswerte sinken. Damit muß also f' in $[a, b]$ streng monoton fallen. Analog veranschaulicht man sich die weiteren Aussagen im folgenden Satz:

Satz 11.1 *Sei $D_f \subseteq \mathbf{R}$ und $f : D_f \to \mathbf{R}$ differenzierbar über $[a, b] \subseteq D_f$.*

1. *f ist (streng) konkav über $[a, b]$ $\iff$ f' fällt (streng) monoton über $[a, b]$.*

2. *f beschreibt eine Gerade über $[a, b]$ $\iff$ f' ist konstant über $[a, b]$*

3. *f ist (streng) konvex über $[a, b]$ $\iff$ f' steigt (streng) monoton über $[a, b]$.*

Auch die Monotonie einer Funktion ist mit der Definition aus Abschnitt 2.3 nur sehr mühsam nachzuweisen. Aber für die Monotonie gibt es folgendes Kriterium über erste Ableitungen. Man beachte dabei, daß in den letzten beiden Punkten keine Äquivalenz besteht – siehe Abschnitt 2.3.

Satz 11.2 *Sei $D_f \subseteq \mathbf{R}$ und $f : D_f \to \mathbf{R}$ differenzierbar über $[a, b] \subseteq D_f$.*

1. *f ist monoton steigend über $[a, b]$ $\iff$ $f'(x) \geq 0 \; \forall \, x \in [a, b]$*

2. *f ist konstant über $[a, b]$ $\iff$ $f'(x) = 0 \; \forall \, x \in [a, b]$*

3. *f ist monoton fallend über $[a, b]$ $\iff$ $f'(x) \leq 0 \; \forall \, x \in [a, b]$*

4. *$f'(x) > 0 \; \forall \, x \in [a, b] \Rightarrow f$ ist streng monoton steigend über $[a, b]$*

5. *$f'(x) < 0 \; \forall \, x \in [a, b] \Rightarrow f$ ist streng monoton fallend über $[a, b]$*

Um nun das gewünschte Kriterium für Konvexität oder Konkavität zu erhalten, müssen die beiden letzten Sätze nur noch verbunden werden. Auch dabei beachte man, daß in den letzten beiden Unterpunkten keine Äquivalenz besteht.

Satz 11.3 *Sei $D_f \subseteq \mathbf{R}$ und $f : D_f \to \mathbf{R}$ zweimal differenzierbar über $[a, b] \subseteq D_f$.*

1. *f ist konkav über $[a, b]$ $\iff$ $f''(x) \leq 0 \; \forall \, x \in [a, b]$*

2. *f beschreibt eine Gerade über $[a, b]$ $\iff$ $f''(x) = 0 \; \forall \, x \in [a, b]$*

3. *f ist konvex über $[a, b]$ $\iff$ $f''(x) \geq 0 \; \forall \, x \in [a, b]$*

4. *$f''(x) < 0 \; \forall \, x \in [a, b] \Rightarrow f$ ist streng konkav über $[a, b]$*

5. *$f''(x) > 0 \; \forall \, x \in [a, b] \Rightarrow f$ ist streng konvex über $[a, b]$*

11.2.2 Funktionen mehrerer Variablen

Die Definitionen und Ergebnisse des vorigen Unterabschnitts werden nun auf Funktionen mehrerer Variablen übertragen. Dazu muß zunächst Konvexität bei Mengen definiert werden. Konkave Mengen gibt es übrigens nicht.

Definition 11.4 *Eine Menge $A \subseteq \mathbf{R}^n$ heißt* **konvex**, *wenn $\forall \, \mathbf{x}_1, \mathbf{x}_2 \in A$ gilt:*

$$\{\mathbf{y} \,|\, \mathbf{y} = \lambda \mathbf{x}_1 + (1 - \lambda)\mathbf{x}_2, \; \lambda \in [0, 1]\} \subseteq A$$

Eine Menge heißt also konvex, wenn für beliebig aus der Menge ausgewählte Punktepaare auch alle Punkte der Verbindungsstrecke in der Menge liegen. Man benötigt die Konvexität der Menge A, auf der eine Funktion f konvex oder konkav ist, damit die Geraden, die man zur Definition der Krümmungseigenschaft verwendet – siehe der vorige Unterabschnitt –, immer ganz in A liegen.

Definition 11.5 *Sei $A \subseteq D_f \subseteq \mathbf{R}^n$ eine konvexe Menge. Eine Funktion $f : D_f \to \mathbf{R}$ heißt*

1. **konkav** *über $A : \iff \; \forall \, \mathbf{x}_1, \mathbf{x}_2 \in A$ und $\forall \, \lambda \in [0, 1]$ gilt:*

$$\lambda \cdot f(\mathbf{x}_1) + (1 - \lambda) \cdot f(\mathbf{x}_2) \leq f(\lambda \mathbf{x}_1 + (1 - \lambda)\mathbf{x}_2)$$

2. **konvex** *über* $A : \iff \forall \, \mathbf{x}_1, \mathbf{x}_2 \in A$ *und* $\forall \, \lambda \in [0,1]$ *gilt:*

$$\lambda \cdot f(\mathbf{x}_1) + (1 - \lambda) \cdot f(\mathbf{x}_2) \geq f(\lambda \mathbf{x}_1 + (1 - \lambda)\mathbf{x}_2)$$

3. **streng konkav** *über* $A : \iff \forall \, \mathbf{x}_1, \mathbf{x}_2 \in A$ *und* $\forall \, \lambda \in (0,1)$ *gilt:*

$$\lambda \cdot f(\mathbf{x}_1) + (1 - \lambda) \cdot f(\mathbf{x}_2) < f(\lambda \mathbf{x}_1 + (1 - \lambda)\mathbf{x}_2)$$

4. **streng konvex** *über* $A : \iff \forall \, \mathbf{x}_1, \mathbf{x}_2 \in A$ *und* $\forall \, \lambda \in (0,1)$ *gilt:*

$$\lambda \cdot f(\mathbf{x}_1) + (1 - \lambda) \cdot f(\mathbf{x}_2) > f(\lambda \mathbf{x}_1 + (1 - \lambda)\mathbf{x}_2)$$

Bemerkung 11.3   *1. Die Idee hinter dieser Definition ist die gleiche wie bei Funktionen einer Variablen. Z.B. für $n = 2$ beschreibt f jetzt eine Fläche im $\mathbf{R}^3$, die mit Geraden im $\mathbf{R}^3$ geschnitten wird. Auch hier liegt dann zwischen den Schnittpunkten eine konkave Fläche immer oberhalb und eine konvexe Fläche immer unterhalb dieser Geraden. Wenn f ein Extremum in A besitzt, so kann es bei konvexer Krümmung von f nur ein Minimum sein, bei konkaver Krümmung von f nur ein Maximum.*

2. Eine Ebene ist konkav und konvex, aber weder streng konkav noch streng konvex.

3. f ist genau dann (streng) konvex über A, wenn $(-f)$ (streng) konkav ist (und umgekehrt).

Mit etwas mehr Aufwand als bei Funktionen einer Variablen kann man dann auch hier ein Kriterium für Krümmungseigenschaften mit 2. partiellen Ableitungen herleiten.

Satz 11.4 *$f : D_f \to \mathbf{R}$, $D_f \subseteq \mathbf{R}^n$, habe stetige partielle Ableitungen zweiter Ordnung auf der offenen und konvexen Menge $A \subseteq D_f$ mit der Hesse-Matrix $H(\mathbf{x})$. Dann ist – siehe Def. 10.18 und Abschnitt 9.4 –*

1. *f konvex über $A \iff H(\mathbf{x})$ positiv semidefinit $\forall \, \mathbf{x} \in A$*

2. *f konkav über $A \iff H(\mathbf{x})$ negativ semidefinit $\forall \, \mathbf{x} \in A$*

3. *f streng konvex über A, wenn gilt: $H(\mathbf{x})$ positiv definit $\forall \, \mathbf{x} \in A$*

4. *f streng konkav über A, wenn gilt: $H(\mathbf{x})$ negativ definit $\forall \, \mathbf{x} \in A$*

Für $n = 2$ kann man diesen Satz auch ohne Hessematrix formulieren:

Satz 11.5 *$f : D_f \to \mathbf{R}$, $D_f \subseteq \mathbf{R}^2$, habe stetige partielle Ableitungen zweiter Ordnung auf der offenen und konvexen Menge $A \subseteq D_f$ mit der Hesse-Matrix $H(x,y)$. Dann ist – siehe Def. 10.18 und Abschnitt 9.4 –*

1. *f konvex über $A \iff \forall \, (x,y) \in A$ gilt:*

$$f''_{xx}(x,y) \cdot f''_{yy}(x,y) \geq (f''_{xy}(x,y))^2 \quad und \quad f''_{xx}(x,y) \geq 0$$

2. *f konkav über A* $\Longleftrightarrow$ $\forall\,(x,y) \in A$ *gilt:*

$$f''_{xx}(x,y) \cdot f''_{yy}(x,y) \geq (f''_{xy}(x,y))^2 \quad und \quad f''_{xx}(x,y) \leq 0$$

3. *f streng konvex über A, wenn* $\forall\,(x,y) \in A$ *gilt:*

$$f''_{xx}(x,y) \cdot f''_{yy}(x,y) > (f''_{xy}(x,y))^2 \quad und \quad f''_{xx}(x,y) > 0$$

4. *f streng konkav über A, wenn* $\forall\,(x,y) \in A$ *gilt:*

$$f''_{xx}(x,y) \cdot f''_{yy}(x,y) > (f''_{xy}(x,y))^2 \quad und \quad f''_{xx}(x,y) < 0$$

Bemerkung 11.4   *1. Man beachte auch hier, daß in den letzten beiden Punkten jeweils keine Äquivalenz besteht.*

2. *Damit* $f''_{xx}(x,y) \cdot f''_{yy}(x,y)$ *größer als ein Quadrat sein kann, muß* $f''_{yy}(x,y)$ *das gleiche Vorzeichen wie* $f''_{xx}(x,y)$ *haben.*

3. *Die Idee hinter den Vorzeichen von* $f''_{xx}(x,y)$ *und* $f''_{yy}(x,y)$ *ist die gleiche wie bei den Funktionen einer Variablen. Die andere Bedingung wird im übernächsten Abschnitt näher betrachtet.*

11.3   Bedingungen für Extrema

Nach den Vorarbeiten in den beiden vorangehenden Abschnitten können nun notwendige und hinreichende Bedingungen für lokale und globale Extrema formuliert werden.

11.3.1   Funktionen einer Variablen

Zunächst werden die Kandidaten für lokale Extremstellen mit einem Namen versehen. Dann wird das wichtige, aus der Logik stammende Begriffspaar 'notwendig/hinreichend' eingeführt.

Definition 11.6 *Sei* $f : D_f \to \mathbf{R}$, $D_f \subseteq \mathbf{R}$, *differenzierbar in der inneren Stelle* $x_0 \in D_f$. x_0 *heißt* **kritische Stelle** *von* $f : \Longleftrightarrow f'(x_0) = 0$

Bemerkung 11.5 *In einer kritischen Stelle besitzt der Graph von* f *die Steigung Null. Die Tangente ist waagerecht, also parallel zu* D_f.

Satz 11.6 (Notwendige Bedingung für lokale Extrema) *Sei* $f : D_f \to \mathbf{R}$, $D_f \subseteq \mathbf{R}$, *differenzierbar in* $x_0 \in D_f$. *Dann gilt:*

$$f \text{ hat ein lokales Extremum in } x_0 \Rightarrow f'(x_0) = 0$$

Bemerkung 11.6   *1. Man beachte die Richtung des Folgerungspfeiles im obigen Satz. Die Aussage, daß jede lokale Extremstelle eine kritische Stelle ist, ist äquivalent zu:*

$$f'(x_0) \neq 0 \Rightarrow f \text{ hat kein lokales Extremum in } x_0$$

Wenn man alle kritischen Stellen (alle Lösungen der Gleichung $f'(x) = 0$) ermittelt hat, so hat man <u>alle Kandidaten</u> – mehr kann es nicht geben – für lokale Extremalstellen von f, falls f in ganz D_f differenzierbar ist. In einer kritischen Stelle muß aber nicht unbedingt ein lokales Extremum vorliegen, wie im nächsten Abschnitt ausführlich diskutiert wird. Daher ist die Bedingung, kritische Stelle zu sein, notwendig, aber nicht hinreichend für lokale Extremstellen.

2. *Natürlich kann f auch lokale Extrema in Stellen aufweisen, in denen f nicht differenzierbar ist.*

Satz 11.7 (Hinreichende Bedingung für Extrema) *Sei $f : D_f \to \mathbf{R}$ mit $D_f \subseteq \mathbf{R}$ zweimal differenzierbar in einer offenen Umgebung von $x_0 \in D_f$. Ferner sei $f'(x_0) = 0$. Dann gilt:*

1. *$f''(x_0) < 0 \Rightarrow f$ hat ein strikt lokales Maximum in x_0.*

2. *$f''(x_0) > 0 \Rightarrow f$ hat ein strikt lokales Minimum in x_0.*

3. *$f''(x) < 0\ \forall\ x \in D_f \Rightarrow f$ hat ein strikt globales Maximum in x_0.*

4. *$f''(x) > 0\ \forall\ x \in D_f \Rightarrow f$ hat ein strikt globales Minimum in x_0.*

Bemerkung 11.7   1. *Im Maximum-Fall ist f streng konkav, im Minimum-Fall streng konvex in der Umgebung um x_0 bzw. auf ganz D_f.*

2. *Der Fall $f''(x_0) = 0$ wird im nächsten Abschnitt betrachtet.*

11.3.2   Funktionen mehrerer Variablen

Definition 11.7 *Sei $f : D_f \to \mathbf{R}$, $D_f \subseteq \mathbf{R}^n$, an der inneren Stelle $\mathbf{x}_0 \in D_f$ partiell differenzierbar. $\mathbf{x}_0$ heißt **kritische Stelle** von $f : \iff$*

$$f'_{x_i}(\mathbf{x}_0) = 0 \quad für \quad i = 1, \ldots, n$$

Bemerkung 11.8   1. *Hier sind also alle Lösungen eines i.a. nicht-linearen Gleichungssystems mit n Gleichungen und n Unbekannten zu ermitteln. Ein häufiger Fehler in Klausurlösungen dabei ist, durch variable Terme zu dividieren, die auch Null sein können. Das ist erstens natürlich nicht definiert und man verliert zweitens so mindestens eine der zu bestimmenden Lösungen!*

2. *Für $n = 2$ ist in einer kritischen Stelle die Tangentialebene von f waagerecht, also parallel zu D_f.*

Satz 11.8 (Notwendige Bedingung für lokale Extrema) *Sei $f : D_f \to \mathbf{R}$ mit $D_f \subseteq \mathbf{R}^n$ in $\mathbf{x}_0 \in D_f$ partiell differenzierbar. Dann gilt:*

f hat ein lokales Extremum in $\mathbf{x}_0 \Rightarrow \mathbf{x}_0$ ist kritische Stelle von f

Bemerkung 11.9 *Auch hier gilt: Wenn man alle kritischen Stellen ermittelt hat, so hat man alle Kandidaten für lokale Extremalstellen von f, die aber nicht unbedingt lokale Extremalstellen sein müssen.*

Aus den Ergebnissen des vorigen Abschnitts folgt wiederum:

Satz 11.9 (Hinreichende Bedingung für Extrema) $f : D_f \rightarrow \mathbf{R}$, $D_f \subseteq \mathbf{R}^n$ *sei zweimal stetig partiell differenzierbar mit der Hesse-Matrix* $H(\mathbf{x})$. $\mathbf{x}_0$ *sei kritische Stelle von* f. *Dann gilt:*

1. $H(\mathbf{x}_0)$ *negativ definit* $\Rightarrow \mathbf{x}_0$ *ist strikte lokale Maximalstelle von* f.

2. $H(\mathbf{x}_0)$ *positiv definit* $\Rightarrow \mathbf{x}_0$ *ist strikte lokale Minimalstelle von* f.

3. $H(\mathbf{x})$ *negativ definit* $\forall\, \mathbf{x} \in D_f \Rightarrow \mathbf{x}_0$ *ist strikte globale Minimalstelle von* f.

4. $H(\mathbf{x})$ *positiv definit* $\forall\, \mathbf{x} \in D_f \Rightarrow \mathbf{x}_0$ *ist strikte globale Maximalstelle von* f.

Auch diesen Satz kann man für $n = 2$ Variablen ohne Hessematrix formulieren.

Satz 11.10 $f : D_f \rightarrow \mathbf{R}$, $D_f \subseteq \mathbf{R}^2$ *sei zweimal stetig partiell differenzierbar. Ist* (x_0, y_0) *kritische Stelle von* f

1. *und gilt* $f''_{xx}(x_0, y_0) \cdot f''_{yy}(x_0, y_0) > (f''_{xy}(x_0, y_0))^2$

   (a) *sowie* $f''_{xx}(x_0, y_0) < 0$, *so ist* (x_0, y_0) *strikte lokale Maximalstelle von* f.

   (b) *sowie* $f''_{xx}(x_0, y_0) > 0$, *so ist* (x_0, y_0) *strikte lokale Minimalstelle von* f.

2. *und gilt* $f''_{xx}(x, y) \cdot f''_{yy}(x, y) > (f''_{xy}(x, y))^2$

   (a) *sowie* $f''_{xx}(x, y) < 0 \;\forall\, (x, y) \in D_f$, *so ist* (x_0, y_0) *strikte globale Maximalstelle von* f.

   (b) *sowie* $f''_{xx}(x, y) > 0 \;\forall\, (x, y) \in D_f$, *so ist* (x_0, y_0) *strikte globale Minimalstelle von* f.

Bemerkung 11.10   1. *Aus den geforderten Ungleichungen folgt wieder, daß* $f''_{yy}(x, y)$ *das gleiche Vorzeichen wie* $f''_{xx}(x, y)$ *haben muß.*

2. *Im Maximum-Fall ist* f *streng konkav, im Minimum-Fall streng konvex in der Umgebung von* (x_0, y_0) *bzw. auf ganz* D_f.

3. *Der Fall* $f''_{xx}(x_0, y_0) \cdot f''_{yy}(x_0, y_0) \leq (f''_{xy}(x_0, y_0))^2$ *wird im nächsten Abschnitt betrachtet.*

11.4   Sattelpunkte

Das Thema dieses Abschnitts sind die kritischen Stellen, die keine Extremstellen sind: die Sattelstellen. Diese sind aber nicht nur bloße Restmenge der kritischen Stellen, sondern auch durchaus von eigenem ökonomischen Interesse, etwa in der Spieltheorie.

11.4.1 Funktionen einer Variablen

Bei Funktionen einer Variablen wird auf dem Weg zu den Sattelstellen auch der Oberbegriff der Wendestellen betrachtet. Wendestellen ergeben sich einfach als die Stellen, an denen die Krümmungseigenschaft einer Funktion wechselt.

Definition 11.8 *Eine Funktion* $f : D_f \to \mathbf{R}$, $D_f \subseteq \mathbf{R}$, *hat einen* **Wendepunkt** *in* $x_w \in D_f : \iff \exists\, r > 0$ *mit:*

$$f \text{ ist streng konvex in } [x_w - r, x_w] \text{ und streng konkav in } [x_w, x_w + r]$$

oder

$$f \text{ ist streng konkav in } [x_w - r, x_w] \text{ und streng konvex in } [x_w, x_w + r]$$

x_w *heißt dann* **Wendestelle**.

Da gemäß Satz 11.1 eine Funktion f genau dann streng konkav ist, wenn f' streng monoton fällt und genau dann streng konvex ist, wenn f' streng monoton wächst, liegen in Wendestellen Extremstellen von f'. Daher kann der Apparat zur Bestimmung von Extremstellen – mit um Eins erhöhter Ableitungsordnung – auch hier angewendet werden.

Satz 11.11 (Notwendige Bedingung für Wendepunkte) *Sei* $f : D_f \to \mathbf{R}$, $D_f \subseteq \mathbf{R}$, *zweimal differenzierbar in* $x_w \in D_f$. *Dann gilt:*

$$f \text{ hat einen Wendepunkt in } x_w \Rightarrow f''(x_w) = 0$$

Satz 11.12 (Hinreichende Bedingung für Wendepunkte) *Sei* $f : D_f \to \mathbf{R}$, $D_f \subseteq \mathbf{R}$, *dreimal differenzierbar in einer offenen Umgebung von* $x_w \in D_f$. *Dann gilt:*

$$f''(x_w) = 0 \ \land \ f'''(x_w) \neq 0 \Rightarrow f \text{ hat einen Wendepunkt in } x_w$$

Eine Sattelstelle ist einfach kritische Stelle und Wendestelle zugleich:

Definition 11.9 *Sei* $f : D_f \to \mathbf{R}$, $D_f \subseteq \mathbf{R}$, *differenzierbar in* $x_s \in D_f$. x_s *heißt* **Sattelstelle** *und* $(x_s, f(x_s))$ **Sattelpunkt** $: \iff x_s$ *ist Wendestelle mit* $f'(x_s) = 0$

Es kommt gelegentlich vor, daß für eine kritische Stelle x_0 einer Funktion f

$$f'(x_0) = f''(x_0) = f'''(x_0) = 0$$

gilt, so daß die bisher für Extrem- und Sattelstellen vorgestellten hinreichenden Bedingungen nicht greifen. In diesem Fall hilft der folgende Satz, der besagt, daß man dann solange bei $f^{(n)}(x_0)$ für $n = 4, 5, \ldots$ weitersuchen soll, bis für ein $n \in \mathbf{N}$ das Ergebnis zum ersten Mal nicht Null ist. Ist dann n gerade, so ist x_0 eine Extremstelle, andernfalls eine Sattelstelle.

Satz 11.13 *Sei* $n \in \mathbf{N}$. *Ist* $f : D_f \to \mathbf{R}$, $D_f \subseteq \mathbf{R}$, *n-mal differenzierbar in* $x_0 \in D_f$ *mit*

$$f'(x_0) = f''(x_0) = \ldots = f^{(n-1)}(x_0) = 0 \quad und \quad f^{(n)}(x_0) \neq 0$$

so folgt:

1. *n ist gerade und $f^{(n)}(x_0) < 0 \Rightarrow f$ hat in x_0 ein lokales Maximum.*

2. *n ist gerade und $f^{(n)}(x_0) > 0 \Rightarrow f$ hat in x_0 ein lokales Minimum.*

3. *n ist ungerade $\Rightarrow f$ hat in x_0 einen Sattelpunkt.*

11.4.2 Funktionen mehrerer Variablen

Die Ergebnisse des vorigen Unterabschnitts sollen hier nur sehr knapp auf den Fall von Funktionen mehrerer Variablen verallgemeinert werden. Wendepunkte werden nicht betrachtet und Sattelstellen werden daher einfach als die Restmenge der kritischen Stellen definiert:

Definition 11.10 *Sei* $f : D_f \to \mathbf{R}$, $D_f \subseteq \mathbf{R}^n$, *in* $\mathbf{x}_0 \in D_f$ *partiell differenzierbar. Ist* $\mathbf{x}_0$ *kritische Stelle, aber keine lokale Extremstelle von* f, *so heißt* $\mathbf{x}_0$ **Sattelstelle** *und* $(\mathbf{x}_0, f(\mathbf{x}_0))$ **Sattelpunkt** *von* f.

Satz 11.14 (Hinreichende Bedingung für Sattelpunkte) $f : D_f \to \mathbf{R}$, $D_f \subseteq \mathbf{R}^n$ *sei zweimal stetig partiell differenzierbar in einer offenen Umgebung von* $\mathbf{x}_0 \in D_f$ *mit der Hesse-Matrix* $H(\mathbf{x}_0)$. *Ist* $\mathbf{x}_0$ *kritische Stelle von* f *und ist* $H(\mathbf{x}_0)$ *indefinit, so hat* f *in* $\mathbf{x}_0$ *einen Sattelpunkt.*

Auch diese Aussage kann man für $n = 2$ ohne Hessematrizen angeben:

Satz 11.15 $f : D_f \to \mathbf{R}$, $D_f \subseteq \mathbf{R}^2$, *habe stetige partielle Ableitungen zweiter Ordnung in einer offenen Umgebung von* $(x_0, y_0) \in D_f$. *Ist* (x_0, y_0) *kritische Stelle von* f *und gilt*

$$f''_{xx}(x_0, y_0) \cdot f''_{yy}(x_0, y_0) < (f''_{xy}(x_0, y_0))^2$$

so hat f *in* (x_0, y_0) *einen Sattelpunkt.*

Bemerkung 11.11 *Ist aber* $\mathbf{x}_0$ *bzw.* (x_0, y_0) *kritische Stelle von* f *und ist* $H(\mathbf{x}_0)$ *(positiv oder negativ) semidefinit bzw. gilt für* $n = 2$:

$$f''_{xx}(x_0, y_0) \cdot f''_{yy}(x_0, y_0) = (f''_{xy}(x_0, y_0))^2$$

so ist die kritische Stelle lokale Extremstelle <u>oder</u> Sattelstelle. Dann müßte man auch bei Funktionen mehrerer Variablen bei höheren Ableitungen weitersuchen, was sehr schnell sehr aufwendig wird. Darauf soll daher verzichtet werden. Es sei aber noch darauf hingewiesen, daß manche Funktionen, bei denen mit den vorhandenen hinreichenden Bedingungen keine Entscheidung möglich ist, durchaus so einfach sind, daß die Anschauung eine Entscheidung für (oder gegen) Extremstellen erlaubt.

11.5 Optimierung unter Nebenbedingungen

Bei ökonomisch sinnvollen Optimierungsaufgaben sind häufig Nebenbedingungen zu berücksichtigen. Man erhält dann ganz allgemein folgendes Problem:

Definition 11.11 *Seien* $f : D_f \to \mathbf{R}$, $g_j : D_{g_j} \to \mathbf{R}$, $D_f, D_{g_j} \subseteq \mathbf{R}^n$, $j = 1, \ldots, m$ *und* $D := D_f \cap D_{g_1} \cap \ldots \cap D_{g_m}$. *Ein* **Optimierungsproblem unter Nebenbedingungen** *besteht darin, die* **Zielfunktion** f *unter den* m **Nebenbedingungen** *oder* **Restriktionen** $g_j(\mathbf{x}) = 0$ *mit* $j = 1, \ldots, m$ *und* $m < n$ *bzgl.* $\mathbf{x} \in D$ *zu minimieren oder maximieren.*

Für derartige Probleme existieren zwei Verfahren, die nun vorgestellt werden.

11.5.1 Substitutionsverfahren

Zunächst wird Problem 11.11 für den einfachsten Fall mit $n = 2$ Variablen und $m = 1$ Restriktion betrachtet. Dann soll also

$$f : D \to \mathbf{R}, \quad z = f(x, y)$$

unter der Restriktion

$$g : D \to \mathbf{R}, \quad g(x, y) = 0$$

mit $D \subseteq \mathbf{R}^2$ optimiert werden. Durch die Nebenbedingung wird eine Abhängigkeit zwischen x und y erzeugt. Der zulässige Bereich

$$D^* := \{(x, y) \in D \mid g(x, y) = 0\}$$

ist i.a. nur noch eine Kurve in D. $g(x, y) = 0$ läßt sich als implizite Darstellung einer Funktion $y = h(x)$ oder $x = h^{-1}(y)$ interpretieren. Das ist die Idee des **Substitutionsverfahrens** zur Lösung obigen Optimierungsproblems unter Nebenbedingungen: Man löst die Nebenbedingung nach $y = h(x)$ oder $x = h^{-1}(y)$ auf, setzt diesen Ausdruck für x oder y in die Zielfunktion ein, wodurch eine Variable substituiert wird, und minimiert/maximiert

$$f^* : D^* \to \mathbf{R}, \quad f^*(x) := f(x, h(x))$$

oder

$$f^* : D^* \to \mathbf{R}, \quad f^*(y) := f(h^{-1}(y), y)$$

mit den Verfahren zur Optimierung von Funktionen einer Variablen aus Abschnitt 11.3, falls f^* differenzierbar nach x bzw. y ist. Dieses einfache Verfahren scheitert dann, wenn sich die Nebenbedingung nicht wie angegeben auflösen läßt.

Verallgemeinert man das Problem 11.11 auf n Variablen und m Restriktionen mit beliebigen $n, m \in \mathbf{N}$ und $n > m$, so kann auch das Substitutionsverfahren zur Lösung verwendet werden, <u>wenn</u> es gelingt, die Nebenbedingungen

$$g_j(x_1, \dots, x_m, x_{m+1}, \dots, x_n) = 0$$

für $j = 1, \dots, m$ z.B. nach den ersten m Variablen aufzulösen. Man erhält dann die m Funktionen

$$x_j = h_j(x_{m+1}, \dots, x_n)$$

für $j = 1, \dots, m$. Diese setzt man für $x_1, \dots, x_m$ in die Zielfunktion ein, wodurch m Variablen substituiert werden, und minimiert/maximiert $f^* : D^* \to \mathbf{R}$ mit $D^* \subseteq \mathbf{R}^{n-m}$ und

$$f^*(x_{m+1}, \dots, x_n) := f(h_1(x_{m+1}, \dots, x_n), \dots, h_m(x_{m+1}, \dots, x_n), x_{m+1}, \dots, x_n)$$

mit den Verfahren zur Optimierung von Funktionen mehrerer Variablen aus Abschnitt 11.3.

11.5.2 Lagrange-Verfahren

Das Substitutionsverfahren versagt, wenn die Auflösung der Nebenbedingungen zu schwierig oder unmöglich ist. Der nun folgende **Lagrange-Ansatz** unterliegt dieser Beschränkung nicht. Dieser Ansatz beginnt mit der Formulierung der sogenannten Lagrangefunktion.

Definition 11.12 *Seien* $f : D_f \to \mathbf{R}$ *und* $g_j : D_{g_j} \to \mathbf{R}$ *mit* $j = 1, \ldots, m$ *sowie* $D_f, D_{g_j} \subseteq \mathbf{R}^n$ *und* $D := D_f \cap D_{g_1} \cap \ldots \cap D_{g_m}$. *Dann heißt*

$$L : D \times \mathbf{R}^m \to \mathbf{R}, \quad L(x_1, \ldots, x_n, \lambda_1, \ldots, \lambda_m) := f(x_1, \ldots, x_n) + \sum_{j=1}^{m} \lambda_j \cdot g_j(x_1, \ldots, x_n)$$

Lagrangefunktion *und die* $\lambda_j \in \mathbf{R}$ **Lagrangemultiplikatoren**.

Bemerkung 11.12   *1. Die* λ_j *sind* m *weitere Variable und* $L(x_1, \ldots, x_n, \lambda_1, \ldots, \lambda_m)$ *damit eine Funktion von* $n + m$ *Variablen.*

    2. Gilt $g_j(\mathbf{x}) = 0$ *für* $j = 1, \ldots, m$, *so sind die* m *letzten Summanden der Lagrangefunktion Null. Man addiert also zu der Zielfunktion einfach Strafterme, die Abweichungen von den Nebenbedingungen messen.*

Die kritischen Stellen des Optimierungsproblems 11.11 erhält man nun durch partielle Differentiation der Lagrangefunktion nach <u>allen</u> $n + m$ Variablen und anschließendes Nullsetzen und Auflösen des i.a. nicht-linearen Systems von $n + m$ Gleichungen und $n + m$ Variablen. Man versucht dabei zunächst, die Lagrangemultiplikatoren zu eliminieren, was die Struktur des Gleichungssystems oft auch gestattet.

Satz 11.16 (Notwendige Bedingung für lokale Extrema) *Seien* $f : D \to \mathbf{R}$ *und* $g_j : D \to \mathbf{R}$ *mit* $D \subseteq \mathbf{R}^n$ *in einer offenen Umgebung von* $\bar{\mathbf{x}} \in D$ *stetig partiell differenzierbar. Dann ist*

$$
\begin{aligned}
L'_{x_1}(\bar{\mathbf{x}}, \bar{\lambda}) &= & f'_{x_1}(\bar{\mathbf{x}}) + \sum_{j=1}^{m} \bar{\lambda}_j \cdot g'_{j,x_1}(\bar{\mathbf{x}}) & = 0 \\
&\vdots & \vdots \qquad\qquad & \vdots \\
L'_{x_n}(\bar{\mathbf{x}}, \bar{\lambda}) &= & f'_{x_n}(\bar{\mathbf{x}}) + \sum_{j=1}^{m} \bar{\lambda}_j \cdot g'_{j,x_n}(\bar{\mathbf{x}}) & = 0 \\
L'_{\lambda_1}(\bar{\mathbf{x}}, \bar{\lambda}) &= & g_1(\bar{\mathbf{x}}) & = 0 \\
&\vdots & \vdots \qquad\qquad & \vdots \\
L'_{\lambda_m}(\bar{\mathbf{x}}, \bar{\lambda}) &= & g_m(\bar{\mathbf{x}}) & = 0
\end{aligned}
$$

notwendige Bedingung für ein lokales Extremum in $\bar{\mathbf{x}}$ *im Optimierungsproblem unter Nebenbedingungen.*

Bei den hinreichenden Bedingungen für obiges Optimierungsproblem kann man sich auf die Betrachtung von Funktionen der n Zielvariablen beschränken, indem man die kritischen Werte $\bar{\lambda}$ in die 2. Ableitungsfunktionen der Lagrangefunktion einsetzt. Für $i, k = 1, \ldots, n$ gilt:

$$L''_{x_i, x_k}(\mathbf{x}, \bar{\lambda}) = f''_{x_i, x_k}(\mathbf{x}) + \sum_{j=1}^{m} \bar{\lambda}_j \cdot g''_{j, x_i, x_k}(\mathbf{x})$$

Man erhält dann analog zu den Resultaten aus Abschnitt 11.3:

Satz 11.17 (Hinreichende Bedingung für Extrema) *Sei* $D \subseteq \mathbf{R}^n$. $f : D \to \mathbf{R}$ *und* $g_j : D \to \mathbf{R}$ *seien zweimal stetig partiell differenzierbar. Für* $(\bar{\mathbf{x}}, \bar{\lambda})$ *sei die notwendige Bedingung 11.16 erfüllt und*

$$H^*(\mathbf{x}, \bar{\lambda}) := \begin{pmatrix} L''_{x_1, x_1}(\mathbf{x}, \bar{\lambda}) & \cdots & L''_{x_1, x_n}(\mathbf{x}, \bar{\lambda}) \\ \vdots & & \vdots \\ L''_{x_n, x_1}(\mathbf{x}, \bar{\lambda}) & \cdots & L''_{x_n, x_n}(\mathbf{x}, \bar{\lambda}) \end{pmatrix}$$

sei die **Hesse-Matrix der Lagrangefunktion.** *Dann gilt:*

1. $H^*(\bar{\mathbf{x}}, \bar{\lambda})$ *negativ definit* $\Rightarrow \bar{\mathbf{x}}$ *ist strikte lokale Maximalstelle des Optimierungsproblems unter Nebenbedingungen.*

2. $H^*(\bar{\mathbf{x}}, \bar{\lambda})$ *positiv definit* $\Rightarrow \bar{\mathbf{x}}$ *ist strikte lokale Minimalstelle des Optimierungsproblems unter Nebenbedingungen.*

3. $H^*(\mathbf{x}, \bar{\lambda})$ *negativ definit* $\forall \mathbf{x} \in D \Rightarrow \bar{\mathbf{x}}$ *ist strikte globale Maximalstelle des Optimierungsproblems unter Nebenbedingungen.*

4. $H^*(\mathbf{x}, \bar{\lambda})$ *positiv definit* $\forall \mathbf{x} \in D \Rightarrow \bar{\mathbf{x}}$ *ist strikte globale Minimalstelle des Optimierungsproblems unter Nebenbedingungen.*

Für den einfachsten Spezialfall $n = 2$ und $m = 1$ kann man die hinreichende Bedingung auch ohne Hessematrix formulieren:

Satz 11.18 *Sei* $D \subseteq \mathbf{R}^2$. $f : D \to \mathbf{R}$ *und* $g : D \to \mathbf{R}$ *seien zweimal stetig partiell differenzierbar. Für die Lagrangefunktion*

$$L(x, y, \lambda) = f(x, y) + \lambda \cdot g(x, y)$$

und $(x_0, y_0, \lambda_0) \in D$ *gelte*

$$L'_x(x_0, y_0, \lambda_0) = L'_y(x_0, y_0, \lambda_0) = L'_\lambda(x_0, y_0, \lambda_0) = 0$$

Dann folgt:

1. *Gilt* $L''_{xx}(x_0, y_0, \lambda_0) \cdot L''_{yy}(x_0, y_0, \lambda_0) > (L''_{xy}(x_0, y_0, \lambda_0))^2$

   (a) *sowie* $L''_{xx}(x_0, y_0, \lambda_0) < 0$, *so ist* (x_0, y_0) *strikte lokale Maximalstelle von* f.

   (b) *sowie* $L''_{xx}(x_0, y_0, \lambda_0) > 0$, *so ist* (x_0, y_0) *strikte lokale Minimalstelle von* f.

2. *Gilt* $L''_{xx}(x, y, \lambda_0) \cdot L''_{yy}(x, y, \lambda_0) > (L''_{xy}(x, y, \lambda_0))^2$

   (a) *sowie* $L''_{xx}(x, y, \lambda_0) < 0 \; \forall \, (x, y) \in D$, *so ist* (x_0, y_0) *strikte globale Maximalstelle von* f.

   (b) *sowie* $L''_{xx}(x, y, \lambda_0) > 0 \; \forall \, (x, y) \in D$, *so ist* (x_0, y_0) *strikte globale Minimalstelle von* f.

Bemerkung 11.13   1. *Es kommt häufiger vor, daß die hinreichenden Bedingungen des Lagrange-Ansatzes in obiger Form versagen, also keine endgültige Entscheidung für Extrema erlauben, wie im vorigen Abschnitt näher beschrieben wurde. Die Methode* **variabler Lagrange-Multiplikatoren,** *die da Abhilfe schaffen kann, soll hier aber nicht behandelt werden (siehe dazu [11] im Literaturverzeichnis).*

2. *I.a. ist es möglich, die m Nebenbedingungen $g_j(\mathbf{x}) = 0$ des Optimierungsproblems unter Nebenbedingungen in der Form*

$$g_j(\mathbf{x}) = c_j - g_j^*(\mathbf{x}) = 0$$

mit $c_j \in \mathbf{R}$ und $j = 1, \ldots, m$ zu schreiben. Sehen wir auch die c_j als Variable an, so erhalten wir mit

$$L : D \times \mathbf{R}^{2m} \to \mathbf{R}, \quad L(\mathbf{x}, \lambda, c_1, \ldots, c_m) := f(\mathbf{x}) + \sum_{j=1}^{m} \lambda_j \cdot (c_j - g_j^*(\mathbf{x}))$$

eine Funktion von $n + 2m$ Variablen mit

$$L_{c_j}'(\mathbf{x}, \lambda, \mathbf{c}) = \lambda_j$$

was analog zu Abschnitt 10.8 ökonomische Interpretationen der Lagrangemultiplikatoren gestattet: Im Optimum $(\bar{\mathbf{x}}, \bar{\lambda}, \mathbf{c})$ gilt: Wächst c_j um 1 Einheit, so ändert sich $f(\mathbf{x})$ approximativ um λ_j Einheiten.

Kapitel 12

Integralrechnung

Das letzte Kapitel befaßt sich mit der Integralrechnung, wobei sich die Darstellung auf Funktionen einer Variablen beschränken wird. Die Integralrechnung ist in einem gewissen Sinne die Umkehrung der Differentialrechnung, was im Abschnitt 12.2 näher beschrieben wird. Anwendungen der Integralrechnung finden sich etwa in der schließenden Statistik oder auch in intertemporalen ökonomischen Modellen.

12.1 Bestimmtes Integral

Die Aufgabe des bestimmten Integrals ist, die Fläche A zwischen einer beschränkten Funktion $f : D_f \to \mathbf{R}$, $D_f \subseteq \mathbf{R}$, und der x-Achse im Intervall $[a, b] \subseteq D_f$ zu bestimmen. Da f von fast beliebiger Form sein kann, existiert dafür natürlich keine feste, für alle Funktionen f gültige Formel wie etwa bei Rechtecksflächen. Die Vorgehensweise ist aber dann, die Fläche A durch Summen von Rechtecksflächen zu approximieren.

Dazu nehmen wir zunächst einmal an, daß $f(x) > 0 \ \forall \ x \in [a, b]$. Dann zerlegt man das Intervall $[a, b]$ in n Teilintervalle der Länge Δx_i und bildet zwei Rechtecksflächensummen. Die n Rechtecke der Untersumme haben die Grundseiten Δx_i auf der x-Achse und die Höhen m_i, die so gewählt sind, daß die Oberseite die Funktion f <u>von unten</u> berührt, aber nicht schneidet. Die n Rechtecke der Obersumme haben die Grundseiten Δx_i auf der x-Achse und die Höhen M_i, die so gewählt sind, daß die Oberseite die Funktion f <u>von oben</u> berührt, aber nicht schneidet. Die folgende Definition präzisiert das bisher gesagte.

Definition 12.1 *Sei* $f : D_f \to \mathbf{R}$, $D_f \subseteq \mathbf{R}$, *beschränkt auf* $[a, b] \subseteq D_f$. *Sei* $I := \{0, 1, \ldots, n - 1\}$ *eine Indexmenge.*

$$\mathcal{Z} := \{x_i \in [a, b] \mid x_0 := a, \ x_n := b, \ x_i < x_{i+1} \ \text{für } i \in I\}$$

heißt **Zerlegung** *von* $[a, b]$ *mit den n* **Teilintervallen**

$$\mathcal{I}_i := [x_i, x_{i+1}] \quad \text{für} \quad i \in I$$

und den **Teilintervall-Längen**

$$\Delta x_i := x_{i+1} - x_i \quad \text{für} \quad i \in I$$

Dann wird das **Infimum** *von* f *auf* $\mathcal{I}_i$ *für* $i \in I$ *definiert als*

$$m_i := \inf_{x \in \mathcal{I}_i} (f(x))$$

und das **Supremum** *von f auf* $\mathcal{I}_i$ *für* $i \in I$ *als*

$$M_i := \sup_{x \in \mathcal{I}_i}(f(x))$$

Die **Untersumme** *von f zur Zerlegung* $\mathcal{Z}$ *ist schließlich*

$$s_f(\mathcal{Z}) := \sum_{i=0}^{n-1} m_i \cdot \Delta x_i$$

und die **Obersumme** *von f zur Zerlegung* $\mathcal{Z}$

$$S_f(\mathcal{Z}) := \sum_{i=0}^{n-1} M_i \cdot \Delta x_i$$

Es gilt also nun

$$s_f(\mathcal{Z}) \leq A \leq S_f(\mathcal{Z})$$

Wird die Zerlegung feiner gewählt, so werden mehr Rechtecke mit i.a. kleineren Grundseiten verwendet und die Approximation wird besser. Der Grenzübergang besteht hier darin, $n \to \infty$ Rechtecksflächen mit den Grundseiten $\Delta x_i \to 0$ aufzuaddieren – ein unbestimmter Ausdruck wie schon bei der Differentiation. Existiert dieser Grenzwert und stimmt er für Unter- und Obersumme überein, so ist er gleich der gewünschten Fläche.

Definition 12.2 *Sei* $f : D_f \to \mathbf{R}$, $D_f \subseteq \mathbf{R}$, *beschränkt auf* $[a, b] \subseteq D_f$. *f heißt* **integrierbar** *auf* $[a, b] : \Longleftrightarrow$ *für jede Folge von Zerlegungen* $(\mathcal{Z}_n)_{n \in \mathbf{N}}$ *von* $[a, b]$ *mit*

$$\lim_{n \to \infty} (\max_{i \in I}\{\Delta x_{i,n} \mid x_{i,n} \in \mathcal{Z}_n\}) = 0$$

existiert der Grenzwert von Unter- und Obersumme, und es gilt:

$$\lim_{n \to \infty} s_f(\mathcal{Z}_n) = \lim_{n \to \infty} S_f(\mathcal{Z}_n)$$

Dann heißt

$$\int_a^b f(x)\,dx := \lim_{n \to \infty} s_f(\mathcal{Z}_n) = \lim_{n \to \infty} S_f(\mathcal{Z}_n)$$

bestimmtes Integral *von f über* $[a, b]$ *mit der* **Untergrenze** *a, der* **Obergrenze** *b und dem* **Integranden** $f(x)$. *Leseweise: 'Integral von a bis b über f von x dx'.*

Bemerkung 12.1 $\int$ *ist ein stilisiertes 'S', da es sich um eine unendliche Summe handelt.*

Der folgende Satz faßt einige Eigenschaften bestimmter Integrale zusammen. Die ersten beiden Punkte leuchten unmittelbar ein und erweisen sich im Abschnitt 12.4 als nützlich. Die letzten beiden Punkte besagen, daß Integrale 'gerichtete' Flächen bestimmen, so daß sich etwa auch negative Vorzeichen ergeben können, wenn f nur unterhalb der x-Achse liegt. Damit ist das genaue Verfahren zur Berechnung der Fläche <u>zwischen</u> dem Graphen von f und der x-Achse noch erklärungsbedürftig, was ebenfalls in Abschnitt 12.4 nachgeholt wird.

Satz 12.1 *Sei* $f : D_f \to \mathbf{R}$, $D_f \subseteq \mathbf{R}$, *integrierbar auf* $[a, b] \subseteq D_f$. *Sei* $c \in [a, b]$. *Dann gilt*

1. $\int_a^b f(x)\,dx = \int_a^c f(x)\,dx + \int_c^b f(x)\,dx$

2. $\int_c^c f(x)\,dx = 0$

3. (a) $f(x) \geq 0 \ \forall\, x \in [a,b] \Rightarrow \int_a^b f(x)\,dx \geq 0$

   (b) $f(x) \leq 0 \ \forall\, x \in [a,b] \Rightarrow \int_a^b f(x)\,dx \leq 0$

4. $\int_a^b f(x)\,dx = - \int_b^a f(x)\,dx$

Schließlich erweist sich Integrierbarkeit als die schwächste einer Reihe von in diesem Kurs betrachteten Funktionseigenschaften.

Satz 12.2 *Sei $f : D_f \to \mathbf{R}$, $[a,b] \subseteq D_f \subseteq \mathbf{R}$. Dann gilt:*

$$f \text{ stetig auf } [a,b] \Rightarrow f \text{ integrierbar auf } [a,b]$$

Bemerkung 12.2 *Damit besteht folgende Hierarchie von Funktionseigenschaften:*

$$f \text{ analytisch auf } [a,b] \Rightarrow f \text{ diff.bar auf } [a,b] \Rightarrow f \text{ stetig auf } [a,b] \Rightarrow f \text{ int.bar auf } [a,b]$$

Die Umkehrungen gelten i.a. nicht.

12.2 Stammfunktionen

In diesem Abschnitt wird betrachtet, in welchem Sinne die Integration einer Funktion die Umkehroperation zur Differentiation dieser Funktion ist. Zudem führt diese zweite charakterisierende Eigenschaft von Integralen zu einer Berechnungsmethode für Integrale. Am Anfang wird der Begriff der Integralfunktion eingeführt, der – wie sich weiter unten herausstellt – weitreichende Überschneidungen mit dem Begriff der Stammfunktion aufweist.

Definition 12.3 *Sei $[d,e] \subseteq \mathbf{R}$, $f, F : [d,e] \to \mathbf{R}$ Funktionen und f integrierbar auf $[d,e]$. F heißt* **Integralfunktion** *von f auf $[d,e]$:$\Longleftrightarrow$*

$$\exists\, c \in [d,e] \text{ mit } F(x) = \int_c^x f(u)\,du \text{ für } x \in [d,e]$$

Wenn eine derartige Integralfunktion von f existiert, so ergibt sich das gesuchte bestimmte Integral über f mit variabler Obergrenze x einfach als Funktionswert $F(x)$. Die störende Abhängigkeit von der Konstanten c beseitigt man leicht durch die folgende Differenzenbildung:

Satz 12.3 *Sei $[d,e] \subseteq \mathbf{R}$, $f, F : [d,e] \to \mathbf{R}$ Funktionen, f integrierbar auf $[d,e]$ und F Integralfunktion von f auf $[d,e]$. Dann gilt für $a, b \in [d,e]$:*

$$\int_a^b f(x)\,dx = F(b) - F(a)$$

Bemerkung 12.3 *Die Schreibweise bei der Lösung eines bestimmten Integrals mit einer Integralfunktion ist dann: $\int_a^b f(x)\,dx = [F(x)]_a^b = F(b) - F(a)$*

Nun wird die Stammfunktion einer Funktion f als die Funktion definiert, deren Ableitung f ist. Für Stammfunktionen und Integralfunktionen wird dabei dasselbe Symbol verwendet, da sie in bestimmten Situationen identisch sind, wie der übernächste Satz zeigt.

Definition 12.4 *Sei* $[d, e] \subseteq \mathbf{R}$, $F : [d, e] \to \mathbf{R}$ *differenzierbar auf* $[d, e]$ *und* $f : [d, e] \to \mathbf{R}$. *Dann heißt* F **Stammfunktion** *von* f *auf* $[d, e] : \Longleftrightarrow$

$$\forall\, x \in [d, e] \text{ gilt: } \frac{d}{dx} F(x) = f(x)$$

Satz 12.4 *Sei* $[d, e] \subseteq \mathbf{R}$ *und seien* $F_1, F_2 : [d, e] \to \mathbf{R}$ *Stammfunktionen von* $f : [d, e] \to \mathbf{R}$ *auf* $[d, e]$. *Dann gilt:*

1. $\forall\, c \in \mathbf{R}$ *ist* $F_1(x) + c$ *auch Stammfunktion von* f *auf* $[d, e]$.

2. $\exists\, c \in \mathbf{R}$ *mit:* $F_1(x) = F_2(x) + c\ \forall\, x \in [d, e]$.

Bemerkung 12.4 *Stammfunktionen sind also nur eindeutig bis auf eine Konstante, da diese bei der Ableitung verschwindet.*

Nun folgt der zentrale Satz, der besagt, daß bei Stetigkeit einer Funktion f immer eine Stammfunktion existiert, die als Integralfunktion von f dient. Es sei noch einmal daran erinnert, daß auch unstetige Funktionen integrierbar sein können. Dann gilt aber der folgende Satz nicht und man muß das weitere Vorgehen Abschnitt 12.4 entnehmen.

Satz 12.5 (Hauptsatz der Differential- und Integralrechnung) *Ist* $[d, e] \subseteq \mathbf{R}$ *und* $f : [d, e] \to \mathbf{R}$ *stetig auf* $[d, e]$, *so gilt:*

1. *Es gibt eine Stammfunktion* F *von* f *auf* $[d, e]$.

2. $\forall\, a, b \in [d, e]$ *und für eine beliebige Stammfunktion* F *von* f *gilt:*

$$\int_a^b f(x)\, dx = F(b) - F(a)$$

Bemerkung 12.5 1. *Wenn die Stammfunktion einer Funktion* f *vorliegt, fehlt zur Lösung des bestimmten Integrals nur noch das Einsetzen der Integrationsgrenzen. Daher nennt man Stammfunktionen auch* **unbestimmte Integrale** *und schreibt:*

$$\int f(x)\, dx = F(x) + c \quad \text{mit} \quad c \in \mathbf{R}$$

wobei das c *für eine korrekte Lösung nicht vergessen werden sollte.*

2. *Beachte:* F *ist eine Funktion.* $\int_a^b f(x)\, dx$ *ist eine Zahl.*

3. *Nicht jede Stammfunktion ist auch Integralfunktion. Der Satz besagt nur, daß bei Stetigkeit von* f *– Integrierbarkeit genügt nicht – eine Stammfunktion existiert, die als Integralfunktion verwendbar ist.*

4. *Ist* f *stetig auf* $[d, e]$, *so gilt*

$$\frac{d}{dx} \int f(x)\, dx = f(x)$$

Ist f *differenzierbar auf* $[d, e]$, *so folgt*

$$\int \frac{d}{dx} f(x)\, dx = f(x) + c$$

In diesem Sinne ist die Integration die Umkehroperation zur Differentiation.

12.3 Rechenregeln

Im vorigen Abschnitt ist deutlich geworden, daß die wesentliche Aufgabe bei der Integration einer Funktion die Bestimmung der Stammfunktion ist. Dieser Abschnitt enthält die grundlegenden Rechenregeln der Integrationsrechnung.

Die folgende Tabelle stellt die Stammfunktionen der wichtigsten Funktionen vor. Davon kann man sich die Ergebnisse in den Zeilen 1 bis 3 sowie 5, 6, 8 und 9 leicht aus den bekannten Ergebnissen der Differentialrechnung in Abschnitt 5.2 herleiten. Die übrigen Resultate muß man sich nicht merken. Die Zeilen 4 und 7 werden mit der partiellen Integration (s.u.) ermittelt, die Zeilen 10 und 11 mit der Substitutionsregel im letzten Abschnitt dieses Kapitels.

Satz 12.6 (Wichtige Stammfunktionen) *Sei $c \in \mathbf{R}$ und $k \in \mathbf{Z}$. Dann gilt:*

	$f(x)$	Bedingungen	$\int f(x)\,dx$
1	x^r	$r \in \mathbf{Q}$, $r \neq -1$, i.a. $x > 0$	$\frac{1}{r+1}x^{r+1} + c$
2	e^x		$e^x + c$
3	e^{bx}	$b \neq 0$	$\frac{1}{b}e^{bx} + c$
4	$\ln(x)$	$x > 0$	$x \cdot \ln(x) - x + c$
5	$\frac{1}{x}$	$x \neq 0$	$\ln(|x|) + c$
6	a^x	$a > 0$, $a \neq 1$	$\frac{1}{\ln(a)}a^x + c$
7	$\log_a(x)$	$a > 0$, $a \neq 1$, $x > 0$	$x \cdot \log_a(x) - \frac{x}{\ln(a)} + c$
8	$\cos(x)$		$\sin(x) + c$
9	$\sin(x)$		$-\cos(x) + c$
10	$\tan(x)$	$x \neq (2k+1)\frac{\pi}{2}$	$-\ln(|\cos(x)|) + c$
11	$\cot(x)$	$x \neq k\pi$	$\ln(|\sin(x)|) + c$

Bemerkung 12.6 *Man beachte, daß in der 3. Zeile nur die Stammfunktion zu e^{bx} angegeben wurde. Für Exponentialfunktionen $\exp(g(x))$ mit allgemeinerem Exponenten $g(x)$ existiert keine derartige Regel! Dasselbe läßt sich auch über a^{bx}, $\ln(bx)$, $\log_a(bx)$, $\cos(bx)$, $\sin(bx)$, $\tan(bx)$ und $\cot(bx)$ sagen. Es gibt zwar in der Integralrechnung ein Gegenstück zur Kettenregel der Differentialrechnung – die Substitutionsregel in Abschnitt 12.5 –, aber diese ist nicht so einfach, universell und erfolgreich anzuwenden wie die Kettenregel.*

Die beiden folgenden Regeln ergeben sich leicht aus der Herleitung des Integrals als Summe.

Satz 12.7 (Faktor- und Summenregel) *Sei $[a,b] \subset \mathbf{R}$. Seien $f, g : [a,b] \to \mathbf{R}$ integrierbar auf $[a,b]$ und $k \in \mathbf{R}$. Dann gilt:*

1. $h : [a,b] \to \mathbf{R}$, $h(x) := k \cdot f(x)$ ist integrierbar auf $[a,b]$ mit

$$\int k \cdot f(x)\,dx = k \cdot \int f(x)\,dx$$

2. $h : [a, b] \to \mathbf{R}$, $h(x) := f(x) + g(x)$ ist integrierbar auf $[a, b]$ mit

$$\int f(x) + g(x)\, dx = \int f(x)\, dx + \int g(x)\, dx$$

Mit dem gerade gezeigten Resultat ist der Vorrat an Ergebnissen, die so 'einfach' wie bei der Differentialrechnung sind, schon fast erschöpft. Es gibt etwa keine Produktregel für Integrale, aber die nun folgende Methode der partiellen Integration, die über die Produktregel der Differentiation hergeleitet wird. In der Standardsituation wird ein Integral über ein Produkt zweier Funktionen umgeformt in eine Stammfunktion und ein neues Integral über ein Produkt zweier Funktionen, das einfacher zu lösen ist als das Ausgangsintegral. Dabei kann gelegentlich auch mehrfache partielle Integration nötig sein. Hilfreich ist die partielle Integration auch bei Integralen über Logarithmusfunktionen oder Produkten von trigonometrischen Funktionen, die sich zyklisch wiederholen. Mit der partiellen Integration kann man aber keineswegs 'beliebige' integrierbare Produkte erfolgreich bearbeiten.

Satz 12.8 (Partielle Integration) *Sei $[a, b] \subset \mathbf{R}$. Seien $f, g : [a, b] \to \mathbf{R}$ stetig differenzierbar auf $[a, b]$. Dann gilt:*

$$\int f(x) \cdot g'(x)\, dx = f(x) \cdot g(x) + c - \int f'(x) \cdot g(x)\, dx$$

oder für bestimmte Integrale

$$\int_a^b f(x) \cdot g'(x)\, dx = [f(x) \cdot g(x)]_a^b - \int_a^b f'(x) \cdot g(x)\, dx$$

12.4 Ergänzungen

Aus der Integrierbarkeit einer Funktion f folgt häufig nicht, daß es (leicht) möglich ist, die erforderliche Stammfunktion zu finden. Dieser Abschnitt erläutert, was in solchen Fällen getan werden kann. Außerdem werden die Situationen betrachtet, in denen einige der in den ersten beiden Abschnitten dieses Kapitels teilweise getroffenen Annahmen wie die Stetigkeit oder Beschränktheit von f verletzt sind.

I.a. ist die Integration einer Funktion weitaus schwieriger als deren Differentiation. Schon die Integration relativ einfach aussehender Funktionen kann viel mehr als nur die pure Anwendung gewisser Rechenregeln erfordern. In gewissen Situationen hilft die Substitutionsregel, die im letzten Abschnitt vorgestellt wird. Eine weitere Möglichkeit ist, in den ausführlichen Stammfunktionstabellen von [13] oder ähnlichen **Formelsammlungen** nachzuschlagen oder **Programme** wie MATHEMATICA oder MAPLE zu verwenden.

Bemerkung 12.7   *1. Es kann durchaus sein, daß die Stammfunktion einer integrierbaren Funktion $f(x)$ nicht als geschlossener Ausdruck anzugeben ist. Dann helfen Verfahren der numerischen Integration weiter oder auch eventuell die Bestimmung eines geeigneten Taylorpolynoms $T_f^n(x)$ – falls f differenzierbar ist – mit der* **Approximation**

$$\int f(x)\, dx \approx \int T_f^n(x)\, dx$$

2. *Soll wirklich die* **Fläche** *A zwischen einer auf* $[a, b]$ *integrierbaren Funktion f und der x-Achse im Intervall* $[a, b]$ *berechnet werden, so ist zu beachten, daß das Integral bei negativen Funktionswerten auch negativ wird. Daher sind zunächst die* n_0 *Nullstellen*

$$x_i \quad f\ddot{u}r \quad i = 1, 2, \ldots, n_0 \quad mit \quad a \leq x_1 < \ldots < x_{n_0} \leq b$$

zu bestimmen, um dann, falls $n_0 \geq 1$, *A zu berechnen als*

$$A = \left| \int_a^{x_1} f(x) \, dx \right| + \left| \int_{x_1}^{x_2} f(x) \, dx \right| + \ldots + \left| \int_{x_{n_0}}^b f(x) \, dx \right|$$

3. *Weist eine auf* $[a, b]$ *integrierbare Funktion f Unstetigkeitsstellen auf oder ist f abschnittsweise definiert, so bestimme man die* n_1 *Unstetigkeitsstellen bzw. Abschnittsgrenzen*

$$x_i \quad f\ddot{u}r \quad i = 1, 2, \ldots, n_1 \quad mit \quad a \leq x_1 < \ldots < x_{n_1} \leq b$$

und berechne

$$\int_a^b f(x) dx = \int_a^{x_1} f(x) \, dx + \int_{x_1}^{x_2} f(x) \, dx + \ldots + \int_{x_{n_1}}^b f(x) \, dx$$

f heißt dann **stückweise integrierbar**.

Weiterhin kann es sein, daß der Integrationsbereich einer Funktion unbeschränkt ist. Die folgende Definition verlagert einfach das Problem durch Grenzwertbildung: Man erzeugt ein lösbares Integral mit beschränktem Integrationsbereich und prüft nach dessen Lösung, ob diese noch endlich bleibt, wenn die Integrationsgrenze(n) gegen $\pm\infty$ gehen.

Definition 12.5 (Unbeschränkter Integrationsbereich) *1. Sei* $a \in \mathbf{R}$, *und sei* $f : [a, \infty) \to \mathbf{R}$ *für alle* $b > a$ *auf* $[a, b]$ *integrierbar. Existiert*

$$\int_a^\infty f(x) \, dx := \lim_{b \to \infty} \int_a^b f(x) \, dx$$

dann heißt f auf $[a, \infty)$ **uneigentlich integrierbar**.

2. *Sei* $b \in \mathbf{R}$, *und sei* $f : (-\infty, b] \to \mathbf{R}$ *für alle* $a < b$ *auf* $[a, b]$ *integrierbar. Existiert*

$$\int_{-\infty}^b f(x) \, dx := \lim_{a \to -\infty} \int_a^b f(x) \, dx$$

dann heißt f auf $(-\infty, b]$ **uneigentlich integrierbar**.

3. *Sei* $d \in \mathbf{R}$. *Ist f uneigentlich integrierbar auf* $(-\infty, d]$ *und auf* $[d, \infty)$, *so ist f* **uneigentlich integrierbar** *mit*

$$\int_{-\infty}^\infty f(x) \, dx := \int_{-\infty}^d f(x) \, dx + \int_d^\infty f(x) \, dx$$

Schließlich kommt es vor, daß eine Funktion am Rand des Integrationsbereichs selbst unbeschränkt ist. Auch hier verlagert die folgende Definition das Problem durch Grenzwertbildung: Man erzeugt ein lösbares Integral, indem man die kritische(n) Integrationsgrenze(n) marginal verschiebt, und prüft nach dessen Lösung, ob diese noch endlich bleibt, wenn die Integrationsgrenze(n) wiederum gegen die kritische(n) Integrationsgrenze(n) gehen.

Definition 12.6 (Unbeschränkte Funktion) *Sei* $[a, b] \subset \mathbf{R}$.

1. *Sei* $f : [a, b) \to \mathbf{R}$ *integrierbar auf* $[a, b - \varepsilon] \, \forall \, \varepsilon \in (0, b - a)$. *Existiert*

$$\int_a^b f(x) \, dx := \lim_{\varepsilon \to 0} \int_a^{b-\varepsilon} f(x) \, dx$$

dann heißt f *auf* $[a, b)$ **uneigentlich integrierbar**.

2. *Sei* $f : (a, b] \to \mathbf{R}$ *integrierbar auf* $[a + \varepsilon, b] \, \forall \, \varepsilon \in (0, b - a)$. *Existiert*

$$\int_a^b f(x) \, dx := \lim_{\varepsilon \to 0} \int_{a+\varepsilon}^b f(x) \, dx$$

dann heißt f *auf* $(a, b]$ **uneigentlich integrierbar**.

3. *Ist* $f : (a, b) \to \mathbf{R}$ *uneigentlich integrierbar auf* $(a, d]$ *und auf* $[d, b)$ *für ein* $d \in (a, b)$, *so ist* f **uneigentlich integrierbar** *auf* (a, b) *mit*

$$\int_a^b f(x) \, dx := \int_a^d f(x) \, dx + \int_d^b f(x) \, dx$$

12.5   Substitutionsregel

Die Substitutionsregel der Integration ergibt sich aus der Umkehrung der Kettenregel der Differentiation. Sie wird oft bei zusammengesetzten Funktionen verwendet, aber sie erfordert sehr viel Erfahrung und Geschick bei der Wahl der Substitution.

Definition 12.7 *Sei* $f : [a, b] \to \mathbf{R}$ *stetig auf* $[a, b] \subset \mathbf{R}$ *und sei* $g : D_g \to \mathbf{R}$ *mit* $W_g \subseteq [a, b]$ *stetig differenzierbar auf* D_g. *Dann gilt*

$$\int f(g(x)) \cdot g'(x) \, dx = \int f(y) \, dy \bigg|_{y=g(x)} \quad bzw. \quad \int_a^b f(g(x)) \cdot g'(x) \, dx = \int_{g(a)}^{g(b)} f(y) \, dy$$

und, falls zusätzlich noch $\forall \, x \in [a, b]$ *entweder* $g'(x) > 0$ *oder* $g'(x) < 0$ *erfüllt ist,*

$$\int f(y) \, dy = \int f(g(x)) \cdot g'(x) \, dx \bigg|_{x=g^{-1}(y)} \quad bzw. \quad \int_a^b f(y) \, dy = \int_{g^{-1}(a)}^{g^{-1}(b)} f(g(x)) \cdot g'(x) \, dx$$

Bemerkung 12.8 *Nach Substitution und Integration darf die Resubstitution nicht vergessen werden!*

Der folgende Satz enthält einige wichtige Spezialfälle.

Satz 12.9 $f : [a, b] \to \mathbf{R}$ *besitze auf* $[a, b] \subset \mathbf{R}$ *die Stammfunktion* F. $g : [a, b] \to \mathbf{R}$ *sei differenzierbar auf* $[a, b]$. *Dann gilt mit* $c \in \mathbf{R}$:

1. $\int f(ax + b) \, dx \quad = \frac{1}{a} F(ax + b) + c \quad$ *für* $a \neq 0$, $b \in \mathbf{R}$

2. $\int (g(x))^r \cdot g'(x) \, dx \quad = \frac{1}{r+1} (g(x))^{r+1} + c \quad$ *für* $r \in \mathbf{Q}$, $r \neq -1$ *und i.a.* $g(x) > 0$

3. $\int \frac{g'(x)}{g(x)} \, dx \quad = \ln(|g(x)|) + c \quad$ *für* $g(x) \neq 0$

4. $\int g'(x) \cdot \exp(g(x)) \, dx \quad = \exp(g(x)) + c$

Literaturverzeichnis

[0] Bei großen Lücken in den erforderlichen Vorkenntnissen wird [1] oder [2] empfohlen. [7, 8] und [9] sind Lehrbücher auf Vorlesungsniveau, während [3, 4, 5] etwas darunter, [11] etwas darüber liegt. Dazu gibt es die Aufgabensammlungen [6], [10] und [12]. Ein bewährtes Nachschlagewerk ist schließlich [13].

[1] *Piehler, G., D. Sippel, U. Pfeiffer*: Mathematik zum Studieneinstieg. Springer-Verlag, Heidelberg.

[2] *Schwarze, J.*: Mathematik für Wirtschaftswissenschaftler, Elementare Grundlagen für Studienanfänger. Verlag Neue Wirtschafts-Briefe, Herne.

[3] *Schwarze, J.*: Mathematik für Wirtschaftswissenschaftler, Band 1: Grundlagen. Verlag Neue Wirtschafts-Briefe, Herne.

[4] *Schwarze, J.*: Mathematik für Wirtschaftswissenschaftler, Band 2: Differential- und Integralrechnung. Verlag Neue Wirtschafts-Briefe, Herne.

[5] *Schwarze, J.*: Mathematik für Wirtschaftswissenschaftler, Band 3: Lineare Algebra, lineare Optimierung und Graphentheorie. Verlag Neue Wirtschafts-Briefe, Herne.

[6] *Schwarze, J.*: Aufgabensammlung zur Mathematik für Wirtschaftswissenschaftler. Verlag Neue Wirtschafts-Briefe, Herne.

[7] *Ohse, D.*: Mathematik für Wirtschaftswissenschaftler I, Analysis. Verlag Vahlen, München.

[8] *Ohse, D.*: Mathematik für Wirtschaftswissenschaftler II, Lineare Wirtschaftsalgebra. Verlag Vahlen, München.

[9] *Bosch, K., U. Jensen*: Großes Lehrbuch der Mathematik für Ökonomen. Oldenbourg-Verlag, München.

[10] *Bosch, K., U. Jensen*: Klausurtraining Mathematik. Oldenbourg-Verlag, München.

[11] *Opitz, O.*: Mathematik, Lehrbuch für Ökonomen. Oldenbourg-Verlag, München.

[12] *Opitz, O.*: Mathematik, Übungsbuch für Ökonomen. Oldenbourg-Verlag, München.

[13] *Zeidler, E.* (Ed.): Taschenbuch der Mathematik. Teubner-Verlag, Leipzig.

www.ingramcontent.com/pod-product-compliance
Lightning Source LLC
Chambersburg PA
CBHW081507200326
41518CB00015B/2412